스토리텔링,
인간을
디자인하다

스토리텔링,
인간을 디자인하다

1판 1쇄 인쇄 2011년 11월 15일
1판 1쇄 발행 2011년 11월 25일

지은이 | 홍숙영
펴낸이 | 모홍숙
펴낸곳 | 상상채널
출판등록 | 제2011-0000009호

::: 이 책을 만든 사람들

편집 | 유아름, 정경화
기획 | 박윤희, 이경혜
교정 | 안종군(미래채널 실장)
표지 | 이현희
마케팅 | 배진호

종이 | 제이피시
제작 | 현문인쇄

주소 | 서울시 용산구 후암동 123-1
전화 | 02-775-3241~4
팩스 | 02-775-3246
이메일 | naeha@unitel.co.kr
홈페이지 | http://www.naeha.co.kr

값 15,800원

스토리텔링,
인간을
디자인하다

홍숙영 지음

상상채널

인간은 언제나 이야기꾼이다

– 장 폴 사르트르

스토리텔링은 오랫동안 어린이를 위한 재미있는 이야기나 문학 연구의 한 분야로 여겨져 왔다. 하지만 1990년대 중반 이후 스토리텔링은 미국을 중심으로 놀라운 성공을 거두었고, 최근 들어 각 분야에서 더욱 인기를 얻고 있다. 디지털 서사의 시대에 들어서면서 비로소 '스토리'의 위력과 '텔링'의 영향력이 빛을 발하게 된 것이다.

교훈적이고 귀한 메시지를 딱딱하고 지시적인 언어로 전달해 사람들에게 외면을 당한다면, 이는 참으로 안타까운 일이다. 이를 쉽고 재미있게 풀어서 많은 사람들이 메시지 속에 담긴 의미를 이해하게 된다면 우리가 사는 세상은 점점 달라질 것이다.

미국의 대통령인 버락 오바마는 대통령 후보 시절, "미국이여, 우리는 되돌아 갈 수 없습니다. 우리는 홀로 걸을 수 없습니다(America, we cannot turn back. We cannot walk alone.)" 라는 마르틴 루터 킹의 향수를 불러일으키는 서사로 미국인의 마음을 사로잡았다. 또 중국의 성현인 장자는 '조삼모사(朝三暮四)'와 같은 우화로 사람들에게 깨달음을 안겨 주었다.

　군인들은 실제 상황을 잘 이해하기 위해 훈련 시뮬레이션 게임을 만든다. 의사는 위험한 수술을 앞두고 있는 환자에게 예전에 있었던 비슷한 사례를 이야기하며 안심시킨다. 또 기업은 고객을 만족시키는 감동 서비스를 실현하기 위해 직원들에게 환상적인 동화를 들려준다. 하지만 스토리텔링이 군사 훈련, 기업 연수, 판매 전략, 이미지 광고 분야 등에 널리 쓰이면서 마치 거짓된 선전이나 과장을 일삼는 도구로 이해되는 부작용도 적지 않다. 그렇지만 이러한 단순한 활용만이 스토리텔링의 목적은 아니다. 무엇보다 스토리텔링은 진정성과 높은 이상, 아름다운 가치를 담아 낼 수 있어야 한다. 그래야만 사람들의 공감과 성찰을 이끌어 내고, 더 나아가 참여하며 실천하는 고귀한 삶으로 인도할 수 있다.

스토리텔링은 '광고'나 '홍보'의 대체어가 아니며, '엔터테인먼트'의 유의어도 아니다. 스토리텔링과 가장 비슷한 말은 '진실'이다. 따라서 전쟁이 아니라 평화를 스토리텔링 해야 하며, 정치인이 아니라 정치 철학을 스토리텔링 해야 하고, 외형이 아니라 내면을 스토리텔링 해야 한다. 그런 스토리텔링만이 사람들의 몸과 영혼을 움직이게 한다.

이 책을 쓰는 동안 동화와 전설, 민담과 신화를 새롭게 읽었고, 영화와 애니메이션을 수도 없이 보았으며, 스마트폰으로 눈이 빠져라 웹툰을 들여다 봤다. 연극, 뮤지컬, 오페라 속에서 공주, 왕자, 요정, 염소치기 소년, 장군, 저승사자, 사기꾼, 마녀, 가짜 영웅, 첫사랑을 찾아 헤매는 여인 등 수많은 캐릭터들을 만났다. 이야기 속에 등장하는 인물들은 그 역할이 선하거나 악하거나 결국 퍼즐의 일부분이 되어 스토리텔링을 하나의 지향으로 나아가게 한다. 이것이 바로 우리가 바라는 세상, '유토피아의 건설'이다.

훌륭한 스토리텔러가 되고 싶다면 먼저 훌륭한 가치가 무엇인지 탐색하는 과정을 거쳐야 한다. 거짓으로 꽉 찬 스토리텔링이 밀려나고, 진실하며 의미 있는 스토리텔링이 파도처럼 밀려올 때, 내면의 진정한 울림이 전달되어 또 다른 울림을 만들어 낼 때, 우리가 사는 세상은 훨씬 살 만한 곳이 될 것이다.

끝으로 이 책이 여러분의 생각과 관점을 정리하고, 이야기하는 방법을 익혀 효율적으로 메시지를 전달하는 데 도움이 되기를 바란다.

정의롭고, 품위 있고, 참된 사회를 꿈꾸며, 우리는 오늘도 스토리텔링을 한다.

홍숙영

CONTENTS

PART 03 스토리텔링으로 브랜드를 알려라

PART 04 스토리텔링의 다양성과 유연성

PART 05 성공하는 스토리텔링 전략

"Man is in his actions and practice, as well as his fictions,

essentially a story-telling animal"

— A. MacIntyre

01

스토리텔링은
힘이 세다

인간은
스토리텔링하는 동물이다

디지털 시대의 스토리텔링

아주 오래 전, 인간의 삶은 기억과 상상을 중심으로 돌아가고 있었다. 이때 지배자의 통치 방식이나 부족에게 닥친 재앙, 문제를 해결하는 방법은 '이미지'와 '이야기'였다. 그러나 이러한 삶의 방식은 이성이 지배하는 로고스의 시대로 접어들면서 무너지게 된다. 기억에 허구와 상상을 가미한 이야기는 허튼 소리로 치부되거나 비논리적이라는 이유로 배척당하기 일쑤였다.

그런데 디지털 시대에 접어들면서 다시 이야기의 진가가 발휘되고 있다. 그 이유는 무엇일까? 오늘날 디지털 기술에 의한 콘텐츠의 무한 복제가 가능해지면서 사람들은 기계적인 것에 염증을 느끼고 더욱 감성적이며, 개성이 강한 이야기를 찾고 있다. 그뿐만 아니라 이야기를 전달하는 도구나 형식도 매우 다양해졌다. 글자를 익히고 수학을 공부할 때 이야기로 꾸민 게임을 즐기며 상호작용하는 에듀테인먼트 방식이 인기를 끌고 있다. 선거 유세 때는 공약을 노래와 춤으로 만들어 디지털 영상으로 전달하기도 한다. 형식적이고 관념적인 메시지는 수용자와 공감대를 이루기 어렵지만 스토리로 구성되어 다양한 매체를 통해 전달되는 메시지는 상대적으로 이해나 공감을 얻기 쉽다.

고대의 신화가 설득과 동의를 이끌어 내는 데 중요한 역할을 했던 것과 마찬가지로 오늘날의 무수한 이야기들은 다양한 형식과 매개체를 통해 확산되고 있다. 이는 '신화의 현대적 변용'이라고 할 수 있으며, 스토리텔링은 이러한 신화를 생산하는 데 가장 필요한 전략이 되고 있다.[1] 오늘날 'story'는 과거의 신화가 그랬던 것처럼 각 분야에서 막강한 위력을 발휘하며 스토리텔링되고 있는 것이다.

스토리텔링이란 '스토리(story)'와 '텔링(telling)'의 합성어로, 스토리는 줄거리가 있는 이야기를 의미하고, 텔링은 매체의 특성에 맞는 표현 방법을 말한다. 즉, 이는 '이야기'라는 콘텐츠를 매체라는 '형식'에 담는 것으로, 정책, 광고, 무용, 예술, 문학, 연극, 교육, 게임 언어, 그림, 제스처, 신화, 전설, 우화, 설화, 소설, 서사시, 역사, 비극, 추리극, 희극, 무언극, 회화, 스테인드글라스, 영화, 뉴스, 일상적인 대화 등의 다양한 형식이 모두 이에 해당한다. 특히, 스토리텔링은 '이야기를 하는 행위'가 중심이 되기 때문에 '현재성'과 '현장성'이 강조된다. '스토리'가 텍스트를 중심으로 하는 평면적이고, 정지된 상태를 뜻하는 개념이라고 한다면, '스토리텔링'은 입체적이며 역동적인 상태를 뜻한다.[2]

스토리텔링에서 말하는 '행위'는 이야기를 하는 사람과 듣고 보는 사람의 행위를 모두 포함한다. 누군가에게 문제를 제기하거나 감화를 주기 위해, 또는 사건이나 사고를 전달하고 위험을 경고하려는 목적으로 이야기를 들려줄 때, 듣는 사람은 고개를 끄덕이거나, 한숨을 쉬거나, 박장대소하거나, 질문을 던진다. 이처럼 이야기를 하는 행위에는 필연적으로 듣는 사람의 반응과 서로 간에 오가는 대화가 포함된다.

혹자는 최근 들어 강조되고 있는 '스토리텔링의 상호작용성(interactivity)'을 기존과 차별되는 현대 사회의 새로운 실체로 규정하고, 전통적인 이야기 문화와는 단절된 것으로 파악하기도 한다. 그러나 '화자와 청자 간의 능동적인 상호작용'으로 사용하는 개념인 상호작용성은 전통적 이야기 문화에도 존재했던 개념이기 때문에 전혀 새로운 문화라고 할 수 없다.[3]

전통 사회의 이야기꾼은 청중의 반응을 살피면서 이야기의 흐름을 조절했는데, 판소리나 창극의 경우 가사를 전달하거나 배우들이 연기를 할 때 관객들의 호응도에 따라 즉석에서 변화를 주곤 하였다.

이처럼 상호작용성은 오래된 스토리텔링의 특징 가운데 하나일 뿐 현대 서사의 새로운 특징이 아니다.

스토리텔링으로 움직이는 사회

우리는 늘 누군가에게 이야기를 하거나 들으며 살아간다. 이야기를 나눌 상대가 없을 때 우리는 외로움과 고독을 느끼며, 이러한 빈 공간을 채우기 위해 때로는 종이에 이야기를 적기도 한다. 이는 일기가 될 수도 있고, 시나 소설이 될 수도 있으며, 미니홈피, 블로그, 트위터, 미투데이와 같은 마이크로 블로그에 올리는 이야기가 될 수도 있다. 때로는 나에 대해, 때로는 타인에 대해, 때로는 우주 어딘가에 존재할지도 모를 생명체에 대해 끊임없이 생각하고, 이를 이야기로 만들어 전한다.

이야기는 항상 인간과 함께 존재하였다. 그래서 인간을 이야기하는 존재, 즉 '호모 나란스(Homo narrans)'라고 정의하거나[4] '스토리텔링하는 동물'이라고 부르기도 한다.[5]

아주 오랜 옛날에는 '이야기'를 아는 자들만이 리더가 될 수 있었다. 족장이나 제사장은 자연의 섭리나 초자연적 존재의 이치를 쉽게 풀어서 이야기해 주었고, 이같은 능력 덕분에 세상이 열리고 영웅이 탄생하며, 승리와 환호를 전하는 이야기는 오래된 기억을 되살려 내고, 집단의 정체성을 형성하였다. 교훈을 주는 이야기, 꿈을 주는 이야기, 문제를 해결할 실마리를 제공해 주는 이야기를 설득력 있게 전달할 수 있는 지혜로운 자가 물리적 힘을 지닌 자보다 더 높은 대접을 받았다.

그런가 하면 17세기 미국의 청교도 지도자들은 사람들에게 '언약'에 관련된 이야기를 들려주면서 새로운 통합을 시도하였다. 이야기하기는 곧 '노예에서 자유로, 죽음에서 부활로, 죄에서 구원으로의 여행'이었으며, 이는 언약의 사회를 형성하는 밑바탕이 되었다.[6]

인류의 탄생과 함께 태어난 이야기가 이 시대에 유독 많은 관심을 받고 있는 이유는 무엇일까? 그것은 바로 '이야기하기'라는 행위가 인류를 이끌어가는 힘의 중심이 되고 있기 때문이다.

미래학자 롤프 옌센(Jensen, Rolf)은 정보 사회의 태양이 지고 '드림 소사이어티(Dream Society)'라는 새로운 태양이 뜨고 있다는 것을 예견하였는데, 여기서 드림 소사이어티란, '이야기를 기반으로 하여 움직이는 사회'를 말한다. 인류가 사냥과 농경, 수공업, 산업 사회와 정보 사회를 거쳐 이제 '꿈의 사회'에 접어들었다고 보는 것이다.[7]

정치·경제·종교·교육 분야의 지도자들은 '꿈'을 기치로 내걸고, 사람들은 꿈을 전하는 이야기를 사거나 팔면서 경제 활동을 한다. 바야흐로 꿈이 담긴 이야기가 우리 사회를 지배하고 있는 것이다. 그러나 그 꿈이 허황되거나 이기적이라면 일시적인 주목을 받을 수는 있겠지만, 생명력은 짧을 수밖에 없다. 꿈의 진정성이 공유될 때, 스토리텔링의 가치는 오래도록 빛을 발하게 된다.

성공적인 스토리텔링

디지털 시대의 스토리텔링은 스토리의 구성 방식이 중요할까, 아니면 형식이 중요할까?[8] 스토리의 원형을 효과적으로 전달하는 것은 어떤 매체를 선택하느냐에 따라 달라진다. 따라서 각 매체별로 적합한 형식을 찾는 것이 중요하며, 스토리의 구성은 형식에 따라 적절하게 변형시키면 될 것이다. 이때 무엇보다 중요한 것은 스토리 그 자체라고 할 수 있다. 스토리텔링은 스토리를 창작하고, 목적에 따라 매체의 형식을 결정한 뒤, 스토리를 구성하는 것이 효과적이다.

로빈(Robin)은 디지털 스토리를 '개인적 내러티브(personal narratives)', '정보나 교육을 목적으로 하는 이야기(stories that inform or instruct)', '역사적 사건을 조사하는 이야기(stories that examine historical events)'의 세 가지 카테고리로 구분하였다.[9] 개인적 내러티브는 개인의 경험이나 가치관을 알리기 위한 것이며, 정보나 교육을 목적으로 하는 이야기는 사건을 전달하거나 교훈을 주기 위해 제작되는 것이다. 그리고 역사적 사건을 조사하는 이야기는 다큐멘터리와 같이 사건을 파헤치거나 진실을 추구하기 위한 것을 말한다.

다양한 동기에서 제작되는 스토리를 성공적으로 이끌기 위해서는 '나만의 시각 갖기', '질문하기', '감성적으로 접근하기'를 훈련해야 한다. 조 램버트는 효과적인 디지털 스토리를 위해서는 '독특한 시각', '드라마틱한 질문', '감성적인 콘텐츠'가 필요하다고 강조하였다.[10]

여기서 독특한 시각(Point of view)이란, 이야기 안에 포함되어 있는 중요한 내용이나 이야기를 통해 얻을 수 있는 특별한 깨달음을 뜻한다. 스토리텔러는 남들이 보지 못한 부분을 보거나, 같은 내용을 보더라도 자신만의 견해를 갖는 습관을 지녀야 한다.

또 드라마틱한 질문(Dramatic question)이란, 관객의 주의를 끌 수 있는 질문을 말하며, 보통 이야기의 끝부분에 해답이 제시된다. 스토리텔링을 성공적으로 이끌기 위해서는 관객들의 호기심과 궁금증을 불러일으켜 마지막 순간까지 몰입하도록 만들어야 한다.

그리고 감성적인 콘텐츠(Emotional content)란, 관객들의 주의 집중을 지속시키는 한편 감정적으로 동조하게 만드는 내용으로 이야기를 꾸미는 것을 말한다. 이와 같은 훈련을 통해 성공적인 스토리텔링의 발판을 마련해 보자.

Point

기계 없이는 1분 1초도 움직일 수 없을 것 같은 디지털 시대에 살면서 '사람'의 가치가 더욱 강조되는 이유는 바로 '사람의 마음속에 간직한 이야기'와 '머릿속에 각인된 이미지의 가치' 때문이다. 세상이 열리고 인류의 삶이 시작되면서 생명을 얻게 된 이야기는 '스토리텔링'으로 변화되면서 새로운 임무를 담당하게 되었다. 누군가의 업적 또는 사상을 알리거나 역사적 사실을 전달하고, 지식과 정보를 전해 주는 '이야기하기' 작업이 사람을 움직이는 기능을 맡게 된 것이다. 이제 우리는 저마다의 개성과 넘치는 호기심, 그리고 감성 능력을 바탕으로 디지털 시대, 성공적인 스토리텔링을 이끌어가야 한다.

story telling
Training

01. 가족이나 친구의 일상을 관찰해 본다.

02. 지금까지와는 다른 새로운 시각에서 바라보고 기록한다.

03. 다른 이들의 행동이나 삶의 방식에 질문을 던져 본다.

스토리텔링의 힘

진심을 담은 이야기는 꺼져가는 생명도 살린다

호주의 한 병원. 이제 막 아기를 낳은 산모 케이트에게 의사가 어렵게 말문을 열었다.

"저, 유감입니다만, 방금 태어난 남녀 쌍둥이 중 사내아이 제이미가 숨을 쉬지 않습니다."

체중이 1kg에 불과한 제이미를 살리기 위해 병원에서는 많은 노력을 기울였지만, 아기의 호흡은 돌아오지 않았고, 마침내 사망 선고가 내려진 것이다.

"선생님, 제발 잠시 동안만 아기를 안고 있게 해 주세요."

울면서 사정하는 케이트에게 의사는 마지막 만남을 허락했다. 숨을 쉬지 않는 아기를 자신의 가슴 위에 올려놓은 채 케이트는 남편과 함께 끊임없이 이야기를 했다.

"제이미, 우리가 너를 얼마나 기다렸는지 아니? 너와 쌍둥이 누나, 엄마, 아빠 우리 넷이서 살 집에 네 물건들을 다 갖추어놓고 예쁘게 방도 꾸며 놓았단다. 너는 자전거를 배우고, 수영도 배울 거야. 주말이면 우리는 정원에서 바비큐 파티도 할 거란다. 이 모든 일들을 생각해 봐. 우리가 얼마나 행복한 가정을 꾸려서 살아갈 지 말이야."

바로 그 순간 기적이 일어났다. 꺼져가던 아기의 생명에 다시 불이 붙은 것이다. 엄마의 심장 박동을 느끼며, 자신을 기다리는 엄마, 아빠의 이야기를 듣던 제이미가 숨을 쉬고, 손을 꼼지락거리기 시작했다. 스토리텔링의 힘은 바로 '움직임'에 있다. 엄마, 아빠의 꿈은 이야기로 만들어져 사망 선고를 받았던 아기를 움직이게 만들었다. 아기가 엄마의 배 위에서 신체적, 정서적으로 교감을 가지며 안정을 찾게 하는 것을 '캥거루케어'라고 한다. 제이미의 기적은 캥거루케어와 스토리텔링의 효과 덕분이 아니었을까? 이야기는 이처럼 꺼져가는 생명도 살리는 대단한 힘을 지녔다.

마음을 기부하는 프로젝트

스토리텔링은 설득을 가능하게 하고, 즐거움을 선사하며, 교육적인 기능을 수행한다. 이 중에서 은밀하고 자연스럽게 접근하지만 눈에 보이는 커다란 성과로 되돌아오게 하는 마력을 지닌 것이 바로 '설득'이다.

'세이브 더 칠드런'은 저개발국 아이들의 인권과 교육을 지원하는 국제 아동 구호 단체이다. 이 단체는 4년째 '모자 뜨기' 행사를 진행하고 있는데, 이는 기부자가 직접 아기의 저체온증을 막기 위한 모자를 떠서 보내는 기부 활동이다. 이러한 행위는 기부를 자신만의 이야기로 만드는 '지속 가능한 텔링'으로 전환시켜 자발적이고 꾸준한 참여를 유도한다. 세이브 더 칠드런은 기부하라는 말 대신, 따뜻한 털실로 모자를 뜨라고 말한다. 한 코 한 코에 마음과 사연을 담아 그 이야기를 아기들에게 들려주라고 권하는 것이다.

"우리 사무실에서는 점심식사 후에 남녀 동료들이 함께 둘러 앉아 모자를 뜨는 진풍경이 벌어집니다. 작은 대바늘로 뜨는 80코 50단, 이 손바닥 만한 모자 하나가 꺼져가는 생명의 불씨를 지필 수 있다니 정말 기적 같은 일입니다. 매년 지구상에는 200만 명의 아기들이 태어난 바로 그 날 세상을 떠나고, 400만 명이 한 달 안에 목숨을 잃는다고 합니다. 저체온증을 막아 줄 털모자가 천사 같은 아기들의 생명을 구할 수 있다니 대단하죠. 별것 아닌 우리의 작은 손짓이 이렇게 큰일을 할 수 있다는 사실에 그저 감사할 뿐입니다. 1만 2,000원의 키트를 구해 알록달록 예쁜 모자를 한 개만 뜨면 우리는 한 명의 아기를 구할 수 있습니다."

각자의 이야기는 이렇게 모여 모자가 되고, 큰 울림이 되어 저 멀리 아프리카까지 전해지지만, 참여하는 사람들은 이것을 기부라기보다는 책무라고 여기게 된다. 왜냐하면 이야기로 전해지는 설득 메시지에 감동을 받고, 모든 일은 자연스럽게 진행되어 아기의 털모자로 귀결되기 때문이다. 단순히 후원금만 내는 기부에서 벗어나 자신이 직접 참여하여 한 생명을 구하는 지구적인 일에 많은 이들이 열정적으로 참여한 결과, 2007년에는 2만 5,000개, 2008년에는 8만 개, 2009년에는 9만 3,000개의 모자가 라오스, 캄보디아, 앙골라, 말리 등에 전달되었다고 한다.[11] 이것이 바로 이야기의 위대한 힘이다.

오늘날 스토리텔러는 과거의 샤먼(Shaman)이 행하던 일들을 행하면서 엄청난 위력을 행사하기도 한다. 우리는 문학이나 연극, 영화, 교육, 정치 등 각 분야에서 스토리텔링 기술을 발휘하며 승승장구하는 이들의 사례를 얼마든지 찾아볼 수 있다. 이들은 발달된 기술을 활용하여 문자, 사진, 동영상, 멀티미디어 등을 수없이 복제하고 변형시키며 이야기를 퍼뜨려 나간다.

그러나 중요한 것은 스토리텔링의 파워가 이와 같은 기술 수준(state-of-the-art technology)이 아니라 "감성 수준(state-of-the heart technology)"에 달려 있다는 사실이다.[12] 스토리텔러 스스로 감성을 느끼고, 전파하며, 공유할 때 스토리텔러와 관객은 혼연일체를 이루면서 좀 더 의미 있는 삶을 향해 나아가게 될 것이다.

13세 소년, 자선 단체를 설립하다

미국 플로리다에 살고 있는 13살 소년, 잭 보너(Zach Bonner)는 아직 어린 나이이기는 하지만, '작은 빨간 손수레(little red wagon)'라는 자선 단체의 어엿한 설립자이자, 어린이를 위한 자선 활동을 활발하게 펼치는 활동가이다.[13] '어린이에 의한 어린이 후원(kids helping kids)'을 모토로 하고 있는 이 재단은 어린이들을 위해 매년 10만 달러 이상을 후원하며, 선물과 학용품이 담긴 가방을 기부한다.

꼬마 잭이 8살 되던 해인 2004년, 고향 마을인 플로리다에 허리케인이 몰아쳐 많은 사람들, 특히 어린이들이 큰 고통을 겪게 되었다. 이때 잭은 빨간색 손수레를 끌고 아이들에게 나눠 줄 생수를 모으러 다녔다. 당시 기부받은 생수는 모두 트럭 27대 분량이었다고 한다. 단순히 같은 또래의 친구들을 도와주겠다는 마음에서 시작한 이 운동은 더 나아가 어린이들이 바라는 선물을 전해 주고, 파티를 열어 주며, 고아와 기아 체험을 하는 데까지 확장되었다.

잭 보너가 이끄는 '작은 빨간 손수레'에 담긴 이야기는 걷기, 선물 보따리, 24시간 고통 체험의 세 가지로 요약할 수 있다.

1. 걷기

잭 보너가 기부금을 모집하는 방법은 매우 독특하다. 그는 빨간 손수레를 끌고 그냥 걷는다. 2009년 잭은 애틀랜타를 출발해 두 달 동안 손수레를 끌며 무려 1,000Km를 걸어 백악관에 도착했다. 이때 모금한 액수는 5만 달러, 우리 돈으로 5,600만 원에 해당된다. 2010년에는 6개월 동안 플로리다의 탬퍼에서 로스앤젤레스까지 4,000Km의 길을 걸으며 2억 원을 모았다. 비록 힘든 여정이지만, 잭 보너는 걸으면서 사람들과 대화하고, 또 다른 이야깃거리를 생산해 냈다. 집 없는 아이들의 고통과 함께 하는 나눔을 걷기를 통해 스토리텔링하는 꼬마 잭에게 사람들은 따뜻한 마음을 보탠다.

2. 선물 보따리

'백 팩(Backpack)' 또는 '잭 팩(Zackpack)'이라고 불리는 선물 보따리에는 반짇고리, 양말, 세면 도구, 과자, 음료수, 장난감 등이 담겨 있다. 마치 어린 시절 성탄절에 산타클로스로부터 양말 가득 과자와 선물을 받던 기쁨을 만끽할 수 있도록 아기자기하게 구성되어 있다. 이런 선물을 받으면 집 없는 아이들뿐만 아니라 어떤 아이라도 무척 기뻐할 것이다.

3. 24시간 고통 체험

잭 보너는 어린이와 청소년들이 집 없는 아이들의 고통을 이해할 수 있도록 '24시간'이라는 노숙 체험 프로그램을 운영한다. 부모의 허락을 받은 아이들은 하루 동안 길 위에서 생활하며, 직접 박스로 집을 만들어 그 속에서 생활한다. 이들에게는 집 없는 아이들에게 나누어 주는 잭 팩이 지급되고, 휴대폰이나 전기, 간식은 모두 금지된다. 체험을 통해 노숙의 아픔을 깨달은 아이들은 더욱 적극적으로 집 없는 아이들을 돕는 활동을 펼치게 된다.

얼마 전 미국에서 자선 단체의 이야기를 소재로 한 영화를 공모했을 때, 잭의 이야기가 단연 1등으로 뽑혔다고 한다. 풍부하고 창의적이며, 감동적인 잭의 스토리텔링은 많은 이들의 동조를 이끌어 내었다. 잭의 이야기를 듣거나 길을 걷는 그를 본 사람들은 주저 없이 그의 수레에 기부금을 담고 잭이 설립한 자선 단체의 후원자가 되기 때문이다.

걷기와 선물 보따리, 노숙 체험을 통해 나누고, 기뻐하고, 공감하면서 잭 보너의 이야기는 작은 빨간 손수레에 담겨 지구 끝까지 굴러간다.

무한 도전, 나비 효과

지구를 지키려면?

우리는 누구나 환경의 중요성을 인식하고 있으며, 환경을 보호하기 위해서는 어떻게 해야 하는지도 잘 알고 있지만, 실제 생활에서는 실천하지 못하고 있다.

환경을 보호하고 지구를 사랑하는 일은 언제나 낡은 표어 같거나 동떨어진 세상의 일처럼 느껴지기 때문이다. 그러나 이것이 메시지로 전달되면 상황은 달라진다.

"이 상태로 간다면, 지구 온난화가 급속히 진행되어 북극의 얼음이 녹고, 2100년이면 환상의 섬 몰디브가 완전히 물에 잠긴다!"

MBC 예능 프로그램인 〈무한 도전〉은 지구 온난화의 위험을 좀 더 구체적으로 피부에 와 닿게 스토리텔링하여 큰 반향을 일으켰다. 2010년 12월 18일에 방영된 '나비 효과'편에서 〈무한 도전〉의 멤버들은 각각 북극 얼음 호텔과 몰디브 리조트, 국내로 나누어 여행을 떠난다.

도착지는 세트로 지어진 2층 건물이었는데, 1층 몰디브 리조트와 2층 북극 얼음 호텔이 서로 연결되어 있었다. 몰디브에서 에어컨을 켜면 북극 얼음 호텔에 설치된 실외기에서 따뜻한 바람이 나와 북극의 얼음이 녹게 된다. 녹아 내린 얼음은 다시 몰디브 호텔로 흘러들어가 호텔방을 물바다로 만든다. 한편, 국내 여행을 하게 된 출연자 '길'은 자유롭게 장을 보고 샤워를 하지만, 별 생각 없는 그의 낭비가 북극에 탄소 경보를 울리며, 얼음을 녹게 만들고 몰디브를 물에 잠기게 한다.

웃고 즐기는 사이에 우리는 지구 온난화의 심각성을 깨닫게 되고, 더 늦기 전에 지구를 보호하기 위한 행동에 나서야 한다는 책임을 절감하게 되었다.

"우리는 전환점을 넘어섰지만, 돌아오지 못할 지점을 넘기지는 않았다."
— NASA 수석 기후학자 제임스 핸슨 박사

〈무한 도전〉의 이러한 메시지는 멤버들이 직접 겪은 에피소드를 통해 시청자들에게 극명한 교훈으로 다가온다. 이 프로그램을 통해 텔레비전 오락 프로그램의 재미있는 스토리텔링이 가져다 준 교육과 설득의 힘을 알 수 있다.

Point

스토리텔링의 위력은 무엇보다 '행동'을 가능하게 한다는 데 있다. 이야기를 듣거나 보는 동안 감동하고 반응하던 사람들은 이야기가 끝난 뒤의 여운을 잊지 못하고 새로운 세상으로의 모험을 결심하게 된다. 휴먼 다큐멘터리를 보고 장기 기증 서약을 하거나 입양을 결심하는 사례가 바로 그것이다. 촛불 시위의 메시지는 평범한 주부나 샐러리맨을 거리로 나서게 하며, 경제적인 도움을 호소하는 공익 캠페인은 한평생 행상을 하며 돈을 모은 할머니가 자신의 전 재산을 기부하게 만든다. 역동적이고, 적극적이며, 창의적인 스토리텔링은 우리의 몸과 마음을 움직여 세상을 아름답게 변화시킬 수 있다.

Training

01. 기적 같은 일을 체험한 적이 있는가?

----

02. 또 누군가 경험한 기적에 대해 들어 본 적이 있는가?

----

03. 스토리텔링의 힘에 대해 적어 보자.

마음을 움직이는 스토리텔링

사람의 마음을 움직이는 스토리텔링

스토리텔링은 유연성(flexibility), 상호작용성(interactivity), 행동 (action)을 특징으로 한다. 스토리텔링에서 이야기는 고정되어 있는 정태적 형태가 아니라 수정이나 삭제, 첨가를 통해 얼마든지 변형할 수 있는 동태적 성격을 지니고 있다. 자신의 라이프 스토리를 들려줄 때, 그 대상이 누구인지에 따라 목소리의 톤과 내용은 달라지기 마련 이다. 친한 사람들에게는 사적이고 은밀한 내용까지 전하게 되지만, 잘 모르는 사람들에게는 자신에게 호감을 느낄 수 있을 정도로만 선을 그어 이야기한다.

이야기의 유연성은 관객과의 상호작용을 통해 더욱 활발해진다. 청중이나 관객은 스토리텔러가 전해 주는 이야기에 대해 어떤 형태로든 반응을 하게 된다. 제스처나 소리로 감정을 전달하기도 하고, 나아가서는 직접 창작 행위에 참여하기도 한다. 이처럼 이야기의 전개가 관객의 반응에 따라 달라질 수도 있기 때문에 스토리텔링에 있어서 관객의 역할은 매우 중요하다.

관객은 이야기가 진행되는 동안에도 반응하지만, 이야기 행위가 끝난 뒤에도 자신이 경험한 스토리텔링에 대해 느끼거나 깨달은 바를 실행에 옮길 수 있다. 루게릭병에 걸린 환자의 다큐멘터리를 보고 난 뒤 루게릭병 협회에 정기적으로 후원을 한다든지, 메밀이 동맥경화에 좋다는 신문 기사를 읽고 인터넷으로 주문하여 밥에 섞어 먹는다든지, 블로그에서 올봄에 유행한다고 알려 준 아이템을 구매하는 것과 같이 우리는 누구나 이야기를 듣고 난 뒤 실행에 옮겼던 경험을 갖고 있다. 사실 스토리텔링의 목적은 바로 여기에 있다. 누군가를 움직이는 것이야말로 스토리텔링의 존재 이유라고 할 수 있다.

영혼을 움직이는 애니메이션

디즈니가 글로벌 미디어그룹으로 성장한 원동력이 무엇인지에 대한 질문을 받았을 때, 앤디 버드 월트디즈니 인터내셔널 회장은 한 단어로 짤막하게 답했다고 한다.

"스토리텔링!"

디즈니의 애니메이션은 신화와 전설에서 모티프를 가져오거나 새로운 캐릭터를 창출하여 생명을 불어넣는다. 만화영화 속에서 캐릭터들은 자연과 하나가 되어 춤을 추고 노래를 부르거나, 불의에 맞서 싸우고, 사랑을 찾아 고난의 여정을 마다하지 않기 때문에 어른, 아이 할 것 없이 그 매력에 빠져든다.

애니메이션은 '생명을 부여하다'라는 뜻을 지닌 라틴어 '아니마(animare)'에서 유래한 것으로, 생명이 없는 선이나 형태에 인위적으로 움직임을 만들어 환상을 불러일으키는 작업을 의미한다.[14] 애니메이션에는 사람, 동물, 사물뿐만 아니라 상상 속에서만 존재하는 정체 불명의 캐릭터도 등장한다. 〈토이스토리〉에는 카우보이, 당나귀, 로봇, 공룡, 전화기와 같은 장난감들이 등장하여 말을 하고, 춤을 추고, 사랑을 한다. 애니메이션의 등장인물은 '몸'뿐만 아니라 '영혼'까지 움직이는데, 이러한 영혼의 생명력은 무한한 상상만이 창조해 낼 수 있는 것이다.

근래 들어 심심찮게 들려오는 한국 애니메이터들의 해외 활동 소식은 한국인으로서 자부심을 갖게 한다. 그러나 일본과 미국의 픽사, 디즈니를 주무르는 이들의 능력은 한국의 애니메이션과 연계되지 못하고 있다. 왜 우리나라에는 재미있는 만화영화가 많지 않은 것일까?

이현세 원작의 〈아마게돈〉은 각계 각층의 전문가들이 참가했지만, 작품성이나 상업성 면에서 모두 실패했다. 그 이유는 서사에 대한 관심과 역량이 부족했기 때문이었다.[15] 안성기, 배종옥 등과 같은 유명 배우들이 목소리 연기에 참여한 〈마리 이야기〉는 소박한 바닷가 마을을 배경으로 펼쳐지는 아름다운 애니메이션이다. 그러나 이야기가 다소 엉성하게 전개되고, 구체적으로 표현되는 장면들의 현실감이 부족하며, 무엇보다 지나치게 교훈을 주려는 의도가 극적 재미를 반감시키고 말았다.

한국의 애니메이션은 대상을 아동으로 한정시켜 놓은 것이 많기 때문에 시장이 좁고, 플롯이 비교적 단순한 편이다. 만화영화는 아이들에게 교훈적이고, 교육적인 메시지를 담아야 하며, 성인이 관람하기에는 유치하고 수준이 낮은 것으로 인식된다. 그러나 아이들을 데리고 영화관에 가는 부모들을 고려한다면 가족이 함께 보며 즐길 수 있는 스토리를 창조해야 한다는 사실을 깨닫는 것이 중요하다. 영혼까지 움직이는 캐릭터의 이야기를 만들어야 관객의 영혼도 움직일 수 있다.

아니메의 비밀

비극적이거나 충격적인 사건, 신비하거나 환상적인 사건, 자연적 재해나 인위적 재해 등 애니메이션에서 발생하는 사건은 다른 매체보다 훨씬 다양하며, 자유롭다. 화산이 폭발하거나 수천 명의 천사들이 하늘에서 내려오는 장면을 그래픽 기법으로 처리하면 극적이고 풍부한 화면을 만들 수 있다. 애니메이션의 장면 하나하나가 만들어 내는 완성도는 애니메이션이 주는 감동의 수준에 영향을 미친다.

일본의 경우 어린이와 청소년뿐만 아니라 어른들을 위한 만화 장르가 있어 '아니메'라고 부르는 저페니메이션의 두터운 마니아층이 형성되어 있다. 수전 네피어 교수는 아니메가 "'차별성 있는 시각적 요소들'이 '보편적·테마적·철학적 구조'와 만나 '독특한 미적 세계'를 창조해 내고 있다."[16]고 말하면서 서사 예술 형식으로 진지하게 연구될 가치가 있다고 극찬하였다.

일본 애니메이션에 등장하는 캐릭터는 일본인의 외형과는 전혀 다른 모습을 하고 있다. 아니메 속의 인물들은 마치 경계선상의 존재들처럼 국적이나 인종이 불분명해 보인다. 이와 같은 캐릭터의 특징은 어디에도 속하고 싶지 않으며, 제도와 관습을 거부하는 일본인들의 자유 정신을 반영한다. 극심한 경쟁으로 지친 일본인들은 위계 질서와 전통적 가치관에서 탈피하여 파괴와 변신을 통해 새로운 세계를 건설하고 싶어 한다. 또 일본의 애니메이션은 다양한 소재와 주제를 다룬다. 최첨단 무기나 기술, 패션을 비롯해 종교, 신화, 역사, 철학 등 여러 분야의 이야기가 등장한다. 따라서 수준 높은 애니메이션의 경우 매우 '창의적이고, 지적이며, 미학적'일 수 있다.[17]

애니메이션의 스토리텔링이 지나치게 교훈을 강조하면, 창조의 샘이 말라 버리게 된다. 한국 애니메이션도 점차 향유 계층을 확장시키고, 소재를 다양화하여 미적 완성도가 높은 애니메이션으로 승부를 걸어야 할 것이다.

소셜 네트워크의 힘

'관계 맺기'를 통해 자신의 세계를 넓히고자 하는 인간의 염원은 오늘날 온라인에서 새로운 소셜 네트워크와 서비스에 의해 구현되고 있다. 블로그, 마이크로 블로그, 오피니언 네트워크, 위키, 지역 기반 서비스, 영상 공유, 전문가 네트워크 등과 같은 다양한 소셜 네트워크는 스마트폰의 기술적 진보에 의해 활용 가치가 높아지면서 급속도로 확산되고 있다. 특히, 트위터나 페이스북과 같은 글로벌 소셜 네트워크 서비스의 이용이 크게 증가하면서 인간관계의 폭이 대한민국을 넘어 전 세계로 확장되는 추세다. 사람들은 이제 소셜 네트워크를 통해 서로 연결되고, 가상공간에서 정보를 공유하며, 대화를 나누고 토론을 진행한다. 현재 마이크로 블로그인 트위터의 국내 가입자 수는 200만 명, 페이스북은 250만 명을 넘어섰다고 한다. 일본의 SNS인 '믹시'의 가입자 수는 2,200만 명, 페이스북의 전 세계 가입자 수는 5억 명이 넘는다.

트위터는 2006년 3월 처음 서비스를 시작하였는데, 140자 미만의 짧은 메시지를 이용하여 커뮤니케이션할 수 있으며, 상대방의 동의를 구하지 않고도 자유롭게 관계를 맺거나 끊을 수 있다는 특성을 지니고 있다. 이러한 특성은 팔로워가 많은 트위터를 중심으로 마치 팬클럽과 같은 하나의 커뮤니티를 형성하는 현상을 낳고 있다. 트위터 메시지는 140자 이내에서 완성되어야 하는 압축성, 상대방에게 글을 보내고 답장을 받을 수 있는 상호작용성, 내용의 단순성, 메시지가 빠른 속도로 전파되는 확산성 등의 특징을 지닌다. 그렇다면 도대체 누가, 어떤 이야기를, 어떻게 하기에 그토록 많은 사람들이 누군가를 따르며, 그의 이야기를 들어주는 것일까?

이야기를 듣는 대상의 마음을 움직이고 행동을 유발시키기 위해서는 설득을 하는 방식이 중요하다. 윌리엄 베노이트와 파멜라 베노이트는 설득 커뮤니케이션을 위한 한 가지 방법으로 '주의 끌기'를 제안한다. 놀랄 말한 이야기나 통계 알리기, 질문하기, 따옴표 이용하기, 청중이나 화자의 상황 언급하기, 일화로 말하기, 개인 경험 말하기 등이 이에 해당한다.[18] 한국 트위터에 올라온 트윗에서도 이러한 방법들을 이용한 사례를 쉽게 찾아볼 수 있다.

● 놀랄 만한 이야기나 통계 알리기
신입 사원 중에 '뢰' 씨 성이 있네요. 모 블로그 통계에 따르면 106명이 있다는 군요. 뢰 씨라~ Mr. 뢰! ^^　　　　　　　　_K*********P

● 질문하기

문득 생각난 옛 친구에게 전화를 걸어봅니다. 그 친구도 마침 며칠 전에 저를 떠올렸다고 합니다. 이런 저런 이야기를 한참 했습니다. 마지막 인사는 역시나 '조만간 소주나 한잔하자'였습니다. 이제 그런 거짓말은 안하고 살아야 하는데……. 다른 인사가 뭐 없을까요?

_p*********70

● 따옴표 이용하기

"밥은 봄같이, 국은 여름같이, 장은 가을같이, 술은 겨울같이 먹어라."라는 말은 밥은 따뜻하게, 국은 뜨겁게, 장은 서늘하게, 술은 차게 먹으라는 옛 어른들의 가르침이라고 하네요.   _ch*********21

● 청중이나 화자의 상황 언급하기

퇴근길, 김광석 컬렉션 3장 전곡 랜덤 플레이로 듣는 중……. 잊고 있던 노래들이 새록새록 떠오르네요. 지금은 '타는 목마름으로'

_s*********e

● 일화로 말하기

백악관을 방문한 한 어린 소년이 오바마 대통령의 머리도 자신의 머리와 같은 느낌인지 궁금하다고 만져보고 싶다고 말하자, 오바마는 허리를 숙입니다. 권위란 과연 무엇일까요?   _si*********79

● 개인 경험 말하기

광주에서 스타 리그 행사가 끝난 후, 밥과 약간의 술을 먹고 서울로 올라가는 중……. 고속버스 텔레비전으로 축구를 보면서 캔 맥주를 마시고 있습니다. 색다른 경험이네요. ㅎㅎ   _mi*********0

그런가 하면 6가지 '주의 끌기' 전략 가운데 두세 가지를 적절하게 섞어서 사용하는 사례도 있다.

소설가 조정래 님이 "시민 단체를 후원하고 시위장도 가는 것이 산 교육"이라고 하셨네요.(인용)

저도 아이들 키울 적에 민생 현장이나 시위 현장도 데리고 다녔죠.(개인 경험)

모든 교육은 이웃과 사회에 대한 관심과 애정으로부터 출발해야 하지 않을까요?(질문하기)   _j*********0

이와 같은 트윗글을 보면 전혀 모르는 낯선 사람일지라도 대답을 해 주거나 물어 보거나 말을 걸어 주고 싶은 마음이 들게 된다. 140자의 제한 속에서 짧지만 인상 깊은 메시지로 자신의 개성을 드러내고, 생각을 전하며, 정보를 전달하기 위해서는 이와 같은 '주의 끌기' 전략을 적절하게 사용해야 한다. 평상시에 대화를 하거나 글을 쓸 때도 이러한 훈련이 되어 있어야 한다.

마음의 상처를 치료하는 공감 전략

상처가 났을 때 바르는 연고에 불과하지만 마음의 상처까지 아우르는 콘셉트로 사람들의 공감을 얻은 광고가 있다. 바로 후시딘이다.

상처엔 후시딘 제공, 오늘의 상처 뉴습니다.
주부 윤소영 씨는 큰 맘 먹고 비싼 머리를 했는데요.
밥이나 달라는 남편의 무관심에 상처 받으셨구요.
네티즌 유현승 씨는 미니 홈피를 새 단장했는데, 방문자가 한 명도 없어 완전 상처 받으셨답니다.
지금까지 상처엔 후~후시딘이 전해 드렸습니다.

_후시딘 라디오 광고 멘트

우리는 일상에서 알게 모르게 또는 크게 작게 상처를 주고받는다. 외모나 신체에 대한 비아냥거림, 따돌림, 외로움, 무시, 무관심 등 때로는 의도하지 않았음에도 불구하고 상대방을 아프게 하거나 반대로 내가 피해를 입기도 한다. 몸에 생긴 상처는 연고를 바르고 치료를 하지만, 마음에 생긴 상처는 치료하기가 어렵다.

후시딘은 배우자나 가족의 무관심을 광고에 담아 상처를 재해석하고, 상처의 개념을 확장시킨 결과 2009년 광고 대상 라디오 부문 금상을 수상하기도 하였다. 후시딘의 이야기는 여기서 끝나지 않고, 웹툰으로까지 이어졌다. '낢이 사는 이야기'로 잘 알려진 웹툰 작가 서나래 씨가 후시딘 홈페이지에 웹툰 '상처 공감 다이어리'를 월 2~3편씩 연재하고 있다. 웹툰의 특성을 감안하면 편수가 적어 고정 독자를 확보하기 어렵지만, 끊임없이 소비자와 이야기를 통해 소통하며 공감을 이루고자 한다는 점에서 본다면 의미가 있다.

Point

스토리텔링은 입체적이고 능동적이며 책임감이 강하다. 하나의 이야기를 던져 놓고 구경하는 것이 아니라 적극적으로 개입하여 상대방을 움직이려 하기 때문이다. 따라서 콘텐츠의 완성도와 미적 가치, 창의성과 함께 상대방의 마음을 움직이기 위한 테크닉이 요구된다. 설득 커뮤니케이션에 대한 이해를 바탕으로 상대방의 주의를 끌고 공감대를 형성하기 위한 전략을 세워 보자.

윌리엄 베노이트와 파멜라 베노이트의 '주의 끌기 전략'에 따라 SNS에 올리고

싶은 자신의 메시지를 작성해 본다.

01. 놀랄 만한 이야기나 통계 알리기

02. 질문하기

03. 따옴표 이용하기

04. 청중이나 화자의 상황 언급하기

05. 일화로 말하기

06. 개인 경험 말하기

스토리텔링의 씨앗은 어디에서 찾아야 할까?

작가의 삶에서 이야기를 엿보다

아는 것, 경험한 것, 만난 사람들……. 다양한 경험과 교제를 시도한 사람은 풍부한 이야깃거리를 지니고 있으며, 이를 바탕으로 스토리텔링을 한다. 그러므로 영향력 있는 스토리텔러가 되기 위해서는 이야기의 씨를 뿌리는 작업부터 시작해야 한다.

오늘날 이야기는 정책이나 전시, 마케팅, 광고, 패션 등 모든 분야에 걸쳐 광범위하게 활용되고 있으며, 연극, 영화, 애니메이션, 광고, 게임, 대중 강연, 설교, 교육 등을 통해 생활과 밀접한 관계를 맺으며 뻗어 나가고 있다. 스토리텔링의 기반이 되는 '이야기'는 구비전승 시대를 지나 텍스트와 만나면서 문학으로 발전되었다. 문학은 미학적 구조를 지니는 플롯으로 구성되는데, 오늘날과 같은 원소스 멀티유즈 시대에 원천이 되는 재료로 활용되면서 그 진가를 발휘하고 있다. 다양한 매체에서 문학의 이야기 구조와 소재를 도입하는 이유는 플롯이 갖는 탄탄함과 주제 의식, 작품의 미적 완결성 때문이다. 스토리텔링의 소재를 개발하거나 창작에 들어갈 때, 문학가들의 작업을 살펴보는 것이 큰 도움이 될 것이다.

작가는 어디서 소재를 찾고 인물을 창조하며, 주제를 형상화하는 것일까? 작가들의 삶을 들여다보면 고난과 방황, 좌절과 결핍을 경험한 녹록치 않은 일생이었다는 것을 알 수 있다. 이러한 일상을 바탕으로 새로운 인물과 새로운 세상을 꿈꾸며 상상의 날개를 편 결과물이 바로 문학 작품으로 탄생하게 되는 것이다. 기쁨이나 슬픔을 한 잔 술에 날려 보낼 수도 있었겠지만, 작가는 이를 기억하고, 여기에 허구를 덧붙여 마침내 창조물을 탄생시킨다. 같은 장소에 가더라도 작가는 여러 사람을 만나 대화하고, 기록하며, 작품을 구상하지만, 다른 이들은 그저 구경꾼이자 나그네로 떠돌 뿐이다. 작가의 삶이 어떻게 형상화되고 구체화되는지 살펴보자.

디지털 콘텐츠의 숨결, ≪개밥바라기별≫

황석영의 소설 ≪개밥바라기별≫은 작가의 청년 시절 겪었던 방황과 고뇌, 사랑의 설렘과 두려움이 곳곳에 배어 있다. 이 소설은 2008년 2월부터 7월까지 5개월간 네이버 블로그에 연재된 뒤 책으로 출판되었다. 소설에는 작가의 고뇌와 그를 죽음의 문턱까지 끌고 갔던 존재에 대한 의문이 고스란히 담겨 있다.

작가는 1943년생으로 1960년 4·19 혁명에 참가했다가 바로 옆에서 친구의 죽음을 목격하였고, 역사의 소용돌이에 휘말리면서 고교 자퇴, 가출, 유치장, 일용 노동, 입산, 베트남전 등 갖가지 일을 겪게 된다. 이러한 삶의 굴곡이 그의 뇌리 속에 각인되어 있다가 디지털 시대에 블로그라는 매체를 통해 스토리텔링되었던 것이다.

> "무수한 네티즌들과의 소통을 통해 몇 가지 깨달음을 얻었습니다. …(중략)… 디지털 전자의 기계적 작용과 기호에 다름 아닌 문자는 영원한 아날로그인 개인의 일상에서 흘러나온 숨결이라고나 하겠지요. …(중략)… 저는 이번 작품을 쓰는 도중에 얼굴도 이름도 모르는 무수한 광장의 벗들과 글을 통해 대화하면서 '동시대의 글쓰기'에 대하여 오랜만에 신명을 느꼈습니다. 글을 쓰고 덧글을 다는 '폐인'이 된 거예요."[19]

황석영은 디지털 콘텐츠의 원천이 바로 '아날로그인 개인의 일상에서 흘러나온 숨결'이라고 말한다. 실패나 꼴통짓마저도 문학이나 예술로 승화되어 미적 가치를 발할 수 있다. 그러기 때문에 우리의 모든 경험은 그것이 아무리 사소하고 어리석을지라도 소중하고 아름다운 것이리라.

삶을 문학으로 형상화한 제인 오스틴

여자들은 남자들이 여자를 잊어버리는 것처럼 그렇게 쉽게 남자를 잊어버리지 못합니다. 그것은 여자들의 미덕이라기보다 운명이에요.

– 제인 오스틴 ≪설득≫

그녀의 소설만큼 인기 있고, 자주 영화화된 작품이 있을까? 그녀만큼 영화와 드라마, 소설에 자주 인용되고 모티브로 차용되는 인물이 있을까? 그녀는 바로 제인 오스틴(1775~1817)이다. 오스틴은 ≪이성과 감성(Sense and Sensibility)≫(1811), ≪오만과 편견 Pride and Prejudice≫(1813), ≪맨스필드 파크 Mansfield Park≫(1814년), ≪엠마 Emma≫(1816), ≪노생거 사원 Northanger Abbey≫(1817), ≪설득 Persuasion≫(1817) 등 모두 6편의 작품을 남겼다. 이 모든 작품이 소설과 드라마로 제작되었는데, 특히 ≪오만과 편견≫은 10여 차례나 영화와 드라마로 만들어져 인기를 끌었다. 그녀의 소설뿐만 아니라 그녀의 소설을 차용하거나 그녀의 삶을 모티브로 한 작품도 적지 않은데, 〈제인 오스틴 북클럽〉, 〈비커밍 제인〉, 〈맨하탄의 제인 오스틴〉과 같은 영화와 〈제인 오스틴의 후회〉라는 텔레비전 드라마도 제작되었다.

이쯤에서 어떤 경험이 제인을 섬세하고 유머러스하며, 지혜롭게 만들었는지 그녀의 삶과 사랑, 그리고 살았던 시대를 살펴보자.

1775년 영국 햄프셔 주의 스티븐턴에서 목사인 조지 오스틴과 그의 아내 카산드라 레이의 여덟 명의 자식 중 일곱째로 태어난 제인 오스틴은 어렸을 때부터 독서를 좋아하고 글쓰기에 남다른 소질과 열정을 보인다. 열다섯 살 때부터 단편을 쓰기 시작한 그녀는 21세에

≪첫인상≫이라는 작품을 완성하여 런던의 출판사에 보냈지만 퇴짜를 맞는다. 이것이 바로 대표작이자 38세에 완성한 ≪오만과 편견≫의 근간이 되었는데, 무려 17년이나 걸려 완성한 것이다.

1795년, 제인은 크리스마스를 보내기 위해 햄프셔에 온 토마스 리프로이를 만나게 되고, 이후 둘은 사랑을 키워 나가지만, 1798년 그들의 로맨스는 그리움을 남긴 채 끝을 맺는다. 1802년에는 해리스 빅 위저드라고 하는 6살 연하의 남성으로부터 프러포즈를 받고 승낙했다가 하루만에 깨기도 하였다. 결국 제인 오스틴은 1817년 42세로 생을 마감할 때까지 독신 여성으로, 작가로 살았다. 1805년 아버지가 세상을 떠나면서 경제적인 어려움으로 친척집을 전전하며 살았지만, 그런 상황에서도 창작의 끈을 놓지 않고 집필하였다고 한다.

제인 오스틴은 자신의 소설 속 여주인공들에게 항상 행복한 결말을 선사했지만, 정작 현실에서 그녀는 가족이 처한 상황과 시대적 굴레로 인해 사랑을 이루지 못하였다. 마치 못다한 자신의 사랑을 보상받으려는 듯 결핍과 갈망을 작품 속에 섞어 강물처럼 잔잔히 흐르게 한 것이다. 또 그녀의 소설에는 자신이 살았던 시대, 교류하던 사람들에게서 느꼈던 속물 근성과 가식, 위세에 대한 날카로운 비판은 물론 인간의 외면과 내면에 대한 세밀한 관찰도 담겨 있다. 제인 오스틴의 소설에는 평생을 독신으로 살면서 고독을 견디고 마침내 문학으로 형상화시킨 그녀의 흔적이 온전히 배어 있기 때문에 시대를 넘어 공감을 이끌어 내는 것이리라.

Point

우리는 자신에 대해 얼마나 잘 알고 있을까?

"난, 김치 없으면 밥을 못 먹어.", "운동 신경이 둔해.", "일찍 못 일어나."

혹시 이 모든 단정이 경험 부족에서 나온 것은 아닐까? 호기심을 갖고 새로운 일에 도전하는 사람의 삶은 번잡스러울 수 있지만, 생각을 달리 해 본다면 모험으로 가득한 흥미진진한 삶이 될 수도 있다. 텔레비전 맛집의 전모를 파헤친 다큐멘터리 영화 '트루맛쇼'로 일대 파문을 일으킨 김재환 감독은 영화를 찍기에 앞서 방송사, 외주 제작사, 브로커, 식당 주인 간의 검은 커넥션을 밝히기 위해 직접 식당을 차렸다고 한다. 2009년 경기도 일산에 식당을 개업한 그는 브로커에게 돈을 지불하고 '맛집'의 주인이 되기도 하였다. 식당을 운영한 김 감독의 경험은 영화 속에 그대로 녹아 있다.

이처럼 스토리텔러는 작품의 소재를 발굴하고, 작품의 영감을 얻기 위해 고난의 가시밭길도 마다하지 않는다. 이야기의 씨앗은 작가의 삶에서부터 싹트기 때문에 이야기를 하고자 하는 사람이라면 누구나 새로운 도전과 모험을 기꺼이 감수해야 한다.

story telling

Training

---

01. 자신이 좋아하는 작가의 이름과 작품을 적어 보자.

---

02. 작가는 어떤 삶을 살았는지, 그러한 삶이 작품에서 어떻게 구체화되었는

지 찾아보자.

"자신에게 진실하지 않은 자는 다른 사람에게 진실할 수 없다."

– 버지니아 울프

02

감동과 감성이 묻어나는
스토리텔링을 만들어라

추억과 정겨움을 심어 주는
공간 스토리텔링

"Shall we dance?"

서울에서 지하철을 타면, 열차 안에 스티커로 붙여진 스토리텔링 공모전 당선작을 읽을 수 있다. 사연의 내용은 보통 7~9문장 정도의 짧은 이야기로, 내용이나 형식면에서 라디오에서 듣던 공익 캠페인과 비슷하다. 주로 어려운 환경 속에서도 희망을 잃지 않는 사연들인데, 지하철에 탄 사람이 잠시 시간을 보내며 읽기에 좋고 감동적이기는 하지만, 서울 메트로와는 아무런 관련이 없어 보인다. 짧은 경험담이 도대체 지하철과 어떤 관계가 있는 것인지, 어떤 점에서 서울 메트로의 스토리텔링 우수작으로 선정되었는지 알 수 없다. 지나친 상징이나 목적이 없는 스토리텔링은 별다른 감흥을 불러일으키지 못하는 법이다.

스토리텔링은 맥락과 감동, 상호작용성, 그리고 무엇보다 움직임이 중요하다. 서울 메트로의 스토리텔링이라면 서울의 지하철 몇 호선, 어떤 역, 몇 번 출구로 가보고 싶은 마음이 들게 만들어야 한다. '스토리텔링'이 우리 사회의 키워드로 자리매김하면서 형식적인 행사나 이벤트를 진행하고, 말도 안 되는 콘텐츠에 마구 갖다 붙이는 사례들이 적지 않게 발견된다. 지하철을 타면서 생긴 에피소드나 지하철역에 얽힌 사연들을 스토리텔링한다면, 사람들은 기차가 그 역을 지날 때마다 그 장면을 떠올리며 그곳을 추억의 장소로 인식하게 될 것이다.

여기서 잠깐 영화 〈셀 위 댄스〉의 장면들을 들여다보자.

능력 있고 멋진 아내와 안정된 직업, 아들과 딸 등 모든 것을 다 갖춘 완벽남 존 클라크는 어느 날 문득 삶의 공허를 느낀다. 그러던 중 여느 때처럼 시카고 지하철의 브라운 라인을 타고 퇴근하던 존은 기차 안에서 한 댄스 교습소의 창에 기대 밖을 내다보는 여성의 쓸쓸한 눈빛과 만나게 된다. 몇 번을 망설이던 끝에 겨우 용기를 낸 존은 레지윅(redgwich) 전 역에서 내려 미치 댄스 교습소에 발을 들여놓는다. 젊고 아름다운 댄스 강사 폴리나에게 잠시 마음을 빼앗겼던 존은 이내 댄스의 재미에 푹 빠지고, 마침내 아내에 대한 진정한 사랑을 깨닫게 된다는 아름답고 로맨틱한 영화다.

퇴근길 지하철 안에서 반복된 일상에 지친 표정으로 앉아 있던 존의 얼굴이 춤을 추면서 새로운 세계에 대한 설렘과 기대에 찬 모습으로 바뀌어 갈 때, 지하철은 더 이상 무의미한 교통 수단에 머물지 않는다. 영화 속에 등장하는 지하철은 뻣뻣하고 무딘 중년 남성을 춤추게 하고, 주위를 다시 돌아보며 행복을 깨닫게 해 준 매개체이며, 존이 댄스 교습을 받기 위해 내렸던 역은 변화의 장소이자 새로운 기쁨을 안겨 준 공간으로 탈바꿈한다.

권태와 무료를 환희와 열정으로 바꾸어 준 시카고의 지하철, 브라운 라인. 그 마법의 지하철을 타고, 존의 로맨틱한 미소를 만나보고 싶지 않은가? 막연하고 모호한 내용이 일시적 감동을 줄 수는 있을지 모르겠지만, 몸을 움직이게 할 수는 없다. 한 장면 한 장면이 구체적이고 생생하게 다가올 때, 우리는 당장이라도 밖으로 뛰쳐나가 지하철을 타고 주인공의 추억이 어린 그 곳으로 달려갈 것이다.

전시회의 새로운 소통 방식

우리는 오랫동안 미술관과 박물관, 공연장을 움직이지 않는 무생물, 덩그러니 서 있는 한 채의 건물로 여겨왔다. 크고 번듯하게 지어 놓은 건물 내부에는 전혀 어울리지 않는 내용물을 채워 넣기 일쑤였으며, 공연과 전시는 따로 놀았다.

그러나 최근 들어 이러한 통념이 깨지고 있다. 건물에 생명을 불어 넣고 전시에 이야기를 담아 관객과 소통하는 움직임이 활발해지고 있는 것이다.

대전시 서구 만년동에는 아담하고 고결해 보이는 이응노 미술관이 있다. 프랑스의 건축가 '로랑 보두앵'이 설계에 참여한 이 건물은 마치 이응노의 작품을 설명해 주는 듯 선이 살아 있는데, 건물 전체가 문자 추상을 형상화한 것이라고 한다. 하얀 시멘트로 지은 단아한 지붕과 붉은 벽돌로 쌓은 나지막한 담장, 뒤뜰의 고즈넉한 소나무에 이르기까지 한옥에서 느낄 수 있는 비움과 소박함이 조화를 이루고 있다. 건물 내부로 들어가 보면, 어디에서 사진을 찍든 고암의 작품과 닮아 있다는 것을 느낄 수 있다. 이응노 미술관에서 〈고암 먹빛의 여정〉(2008. 10. 9.~2009. 1. 5.)이라는 전시를 볼 기회가 있었는데, 이 전시는 미술관과 화가, 작품이 조화를 이루며 관객들에게 말을 걸고 있었다. 자연을 탐구하는 전통 수묵화에서 시작하여 점차 추상화하면서 문자 추상에 이르게 되는 과정을 통해 그가 겪었을 질곡의 세월과 시대에 대한 원망, 그리고 초월을 짐작할 수 있었다.

전시 스토리텔링은 단순히 작품을 걸어 놓거나 세워 두는 것이 아니다. 장소와 화가, 작품이 서로 조화를 이루며 관객에게 말을 건넬 때, 사람들은 그 이야기에 빠져들고 감동을 느끼게 된다.

대중문화를 아트로 유인하다

대중문화가 저급한 것으로 취급받으며 천대받을 때, 앤디 워홀은 깡통수프나 마를린 먼로의 복제 사진을 이용하여 대중문화를 예술의 세계로 끌어들였다. 팝아트의 서곡은 이렇게 시작되었다. 광고, 상품, 복제, 비개성 등은 팝아트의 특징을 말해 주는 단어들이다.

국립 현대 미술관에서 기획한 〈메이드인 팝랜드전〉(2010. 11. 12.~2011. 2. 20.)은 이야깃거리가 풍부한 팝아트의 세계를 보여 준 전시였다.[20]

이 전시는 '대중의 영웅', '스펙터클의 사회', '억압된 것들의 귀환', '타인의 고통' 이렇게 네 부분으로 나뉘어져 있었다.

'대중의 영웅' 섹션에서는 권력을 지닌 자들의 이데올로기와 이들에 의해 지배당하는 대중의 우매함 또는 저항 정신을 엿볼 수 있다. 과거 독재 시절, 우표의 모델이었고, 사무실의 액자였으며, 어버이이자 스타였고, 타도의 대상이었던 대통령. 대중의 사랑과 미움, 칭송과 원망을 한몸에 받았던 그들의 이미지를 작품으로 만나게 될 때 우리는 묘한 감정에 사로잡히게 된다. '스펙터클의 사회'에서는 대량 생산과 대량 소비를 중심으로 매스미디어에 의해 동질의 삶을 살아가며 자본주의 이데올로기에 통제당하는 대중의 삶이 등장한다. '억압된 것들의 귀환'에서는 테크놀로지의 발달로 여가 시간이 늘어난 대중의 오락과 문화 예술에 대한 갈망이 강하게 드러나고 있다. 마지막 이야기인 '타인의 고통'에서는 대중 매체의 발달로 실시간 전 세계의 소식을 접할 수 있는 현대 사회에서 오히려 타인의 고통에 무감각한 대중의 현실을 고발한다.

'대중과 권력, 스펙터클의 지배, 새로운 창조의 가능성, 연민의 부재'라는 주제를 갖고 펼쳐진 '메이드인 팝랜드'의 이야기는 대중문화의 소비자이지만, 주체가 되지 못한 채 지배당하는 우리 자신을 되돌아보게 만든다. 그 결과, 전시를 관람하고 참여한 관객의 체험은 또 다른 스토리텔링으로 연결된다. 전시를 보고 난 한 블로거는 다음과 같은 내용의 글을 자신의 블로그에 남겼다.

사진 작가이자 미디어 아티스트 정연두 작가의 '타임캡슐 II'이다.
이 작품에 어떻게 참여를 했는지 일단 소개를 하면,

01. 지폐 투입구가 있다.
02. 3,000원을 투입한다(반드시 1,000원짜리 3장).
03. 문이 열리고 계단이 나오면 탄다.
04. 미래의 싸이보그 님과 이야기를 나눈다.
05. 싸이보그 님이 떠드시는 동안 몰래 기념 촬영을 한다.
06. 작품의 하이라이트! 비공! 이건 직접 경험해 보시라!
07. 문이 열리고 계단을 타고 나온다.
〈 끝 〉
3,000원짜리 기념품이 있으니 꼭 챙길 것!

_네이버 블로거 'm*********' 님의 글 중에서

큰 꿈이 지배하는 작은 학교

학교는 우리에게 어떤 곳이었을까? 하루의 대부분을 보내면서 배우고, 놀고, 먹고, 떠들었던 그곳에서의 일을 우리는 어떻게 기억하고 있을까? 구석구석 비밀이 숨어 있고, 끈끈한 관계로 연결되어 있으며, 아름다운 향기로 넘쳐나는 곳, 마음이 머물고 몸의 중심이 되는 곳, 학교란 이렇게 우리의 모든 이야기를 담는 그릇이어야 한다. 그러기 위해서는 아무래도 작은 학교가 효율성이 높을 것 같다. 왜냐하면, 서로 깊이 있는 대화가 오가고 눈을 마주치기가 쉽기 때문이다. 그러나 불행하게도 경제 논리에 밀려 작은 학교는 문을 닫을 수밖에 없게 되었다. 시골에서는 아이들의 목소리를 듣기 힘들고, 그나마 명맥을 유지하다가도 학생 수가 줄어들면 폐교의 수순을 밟아야 했다.

사라져가는 작은 학교의 꿈이 최근 들어 다시 살아나고 있다. 경기도교육청이 공교육의 대안으로 내세운 '혁신 학교'가 시골의 작은 학교들을 중심으로 결실을 맺고 있는 것이다. 작은 학교는 학년당 다섯 학급 정도의 규모로 한 학급의 학생 수는 25명 안팎이다. 양평군 용문면 조현리에 자리 잡은 조현 초등학교는 작은 학교의 대표적인 성공 사례로 꼽힌다. 1학년부터 6학년까지 9학급으로 이루어진 이 학교의 학생 수는 200여 명. 학생 수가 계속 줄어들던 이 학교에 교장 공모제를 통해 이중현 선생님이 교장으로 초빙되었고, 이후 도시에서 오는 전학생이 늘어나면서 전학을 자제해 달라는 호소문까지 띄워야 할 지경이 되었다.

도시의 삭막한 학교를 떠나 땅을 밟고 꿈이 자라는 나무를 심기 위해서는 무엇보다 시골 학교만의 독특한 이야기가 있어야 했다. 교장 선생님은 "한 아이를 키우기 위해서는 한 마을이 필요하다."는 아프리카 속담을 기치로 내걸면서 아이들의 성장을 위해 가정과 학교, 마을이 한데 어우러지는 공동체를 지향하였다.[21]

작가들과 만나고 연극을 통해 참된 가치와 창조의 위대함을 배우며, 통지표의 자기 평가 항목을 채우는 조현 초등학교 아이들. 성적이나 점수 위주가 아닌 삶을 가꾸기 위한 수업은 아이들의 삶에 의미를 주며, 삶과 혼연일체가 된다. 자연 속에서 학교는 아이들의 놀이터이자 배움터가 되고, 자발적으로 텃밭을 가꾸는 부모들의 일상 속으로 스며든다. 학교는 규칙과 규율이 지배하는 조직이 아니라 꿈이 지배하는 곳이다. 지혜와 놀이, 나눔과 배려를 스토리텔링하기 위해 학교는 아이디어를 모으고, 이곳에서 아이들은 꿈을 스토리텔링하며 함께 뒹군다.

소소한 삶의 이야기가 가득한 시장

어느 시대, 어느 나라 할 것 없이 시장은 단순히 물건을 사고파는 장소가 아니라 여러 가지 소식이 오가고 갑론을박이 벌어지는 공공의 장이었다. 뿐만 아니라 시장은 케케묵은 것에서부터 새롭고 진기한 것에 이르기까지 다양한 상품을 구경할 수 있으며, 공연과 이벤트가 풍성한 문화 마당이기도 하였다.

가끔 사극이나 드라마에 등장하는 우리 옛 장터를 보면 정겨운 풍경과 사랑이 넘친다. 직접 만든 꽃신, 중국에서 들여온 귀한 약재와 장신구, 갓 따온 싱싱한 야채, 헌 책 등의 물건이 오가고 씨름판이 벌어지며, 광대들이 줄을 타는 곳이다. 장돌뱅이의 모험담을 들을 수 있고, 수줍은 연정을 꽃피우기도 하는 곳이 바로 우리네 장터였다.

그러나 조상의 숨결이 느껴지고, 따뜻한 정이 배어 있던 전통 시장은 대형 마트와 백화점, 아울렛 등에 밀려 제 역할을 다하지 못하고 있다. 정부와 지방 자치 단체들은 전통 시장을 살리기 위해 현대화 작업을 진행했지만, 그다지 큰 성과를 거두지 못하는 듯하다.

전통 시장은 독특한 냄새와 추억을 먹고 산다. 외형을 통째로 새롭게 바꾸기보다는 오히려 옛 정취를 살리면서 불편한 점을 부분적으로 개선해 나가는 것이 효과적일 것이다. 전통 시장에서 사람들은 자신의 경험에 이야기를 입힌 특별한 '기억'을 간직하게 된다. 시장의 역사와 분위기를 고려한 시장 전체의 조화로운 이야기는 고객들의 마음을 끌 뿐만 아니라 상인들로 하여금 자신의 일을 소중하게 여기도록 만든다. 정겹고 따뜻한 장소로 자리매김하기 위한 시장만의 이야기, 이제 시장도 독특한 스토리텔링이 필요하다.

Point

기억과 추억, 꿈을 스토리텔링할 때, 사람들은 따라하고 싶고, 갖고 싶고, 경험하고 싶은 마음을 느끼게 된다. 그렇다면 스토리텔링의 절반은 성공한 셈이다. 스토리텔링의 완전한 성공은 사람들이 이것을 실행에 옮겼을 때 비로소 이루어진다. 절절한 감동을 느꼈을 때 단지 그 순간에 머물지 않고 감동을 따라 몸을 움직이도록 하는 것이야말로 스토리텔링의 최종 목표이다.

Training

---

01. 가장 기억에 남는 지하철역이나 기차역, 버스 정류장은 어디인가?

---

02. 그 곳을 찾아가 보자.

---

03. 다른 이들도 찾아올 수 있도록 역에 얽힌 에피소드를 영화의 한 장면으로 스토리텔링해 보자.

02

이야기가
익어가는 마을

storytelling

> The city is a poem, however, it is not a classical poem.
> – Roland Barthes

이야기가 있는 도시를 디자인하다

일반적으로 디자인이라고 하면 미술과 관련이 있는 어떤 것을 떠올리게 된다. 그러나 도시 디자인은 예술뿐만 아니라 도시의 기획, 설계, 이야기, 문화를 모두 포함한 것을 의미한다. 자연스럽고 독창적이며 머물고 싶어지는 도시야말로 잘 디자인된 도시가 지닌 매력이다. 그러나 대부분의 도시들은 다 비슷비슷한 외형을 지니고 있을 뿐 고유의 향취나 독창성을 느끼기가 어렵다.

낯선 배낭 여행자들의 눈에 비친 서울은 거칠고, 교통이 혼잡하며, 매력 없는 도시로 비쳐졌다. 걷기에 불편하며 조화와 질서가 없는 서울은 세계적 여행 안내서인 〈론리 플래닛(lonely planet)〉에 의해 '2009년 최악의 도시 3위'에 선정되는 불명예를 안게 되었다.[22]

건물이나 자동차를 중심으로 만들어진 획일적이고 삭막한 도시의 모습은 인간을 소외시키고 자연과 조화를 이루지 못한다. 최근 들어 도시를 예술적이고, 지속 가능하며, 자연 친화적으로 만들려는 움직임이 활발해지고 있다. 도시의 진정한 아름다움은 도시가 지닌 이야기를 끄집어 내고, 새로운 이야기를 덧입혀 소통하는 작업을 통해 완성될 수 있다. 모든 도시는 독특하고, 기이하며, 은밀한 저마다의 스토리를 지니고 있다. 도시가 들려주는 이야기를 들으면서 우리는 생성과 소멸, 만남과 이별, 부흥과 쇠락에 대해 생각하게 된다.

좁고 비밀스러운 샛길과 낡은 카페, 연금술사들이 모여 살던 황금소로(Golden lane). 외세에 저항하며, 중세의 역사를 지켜낸 체코의 수도 프라하는 '신비'를 주제어로 관광객들의 마음을 사로잡는다. 거리의 음악가와 낭만이 흐르는 카페, 옛것과 새것의 조화가 만들어 내는 진기함으로 파리는 예술의 중심이 된다. 나일 강변의 고대 이집트 수도를 본떠 이름을 붙인 미국의 도시 멤피스는 블루스의 본고장이자 마르틴 루터 킹이 암살당한 곳으로, 시민의 권리를 고민하는 도시 이미지를 강조한다.

도시의 이야기가 과거의 이미지에 갇혀 있거나 과거의 이야기 속에 머무는 것으로 한정되어서는 곤란하다. 도시의 이야기는 멈추지 않고 계속되어야 하며, 끊임없이 써 내려가야 한다. 도시의 이야기를 이어 나가기 위해서는 과거의 이야기에 담긴 요소를 활용해야 하는데, 이는 도시의 정체성을 형성하고 정신적 가치의 근간이 되는 신화를 찾아내는 역할을 한다. 즉 '도시의 유전 코드'가 무엇인지 밝혀내는 작업이 요구되는 것이다.[23]

도시를 스토리텔링하기 위해서는 역사를 살피고, 문헌을 조사하며, 도시에 살고 있는 사람들과 방문자들을 인터뷰해야 한다. 또 길과 건물, 그 안에서 생활하는 사람들에 대한 세밀한 관찰도 필요하다. 도시에 이야기가 넘치게 하려면 어디서, 어떻게 이야기의 요소를 끌어와야 할까? 도시 공간에 부여되는 이야기는 원래 공간에 존재하는 이야기, 미디어를 통해 만들어진 가상의 이야기, 완전히 새로운 이야기를 들 수 있다.[24] 원래 도시에 존재하는 이야기는 신화나 전설, 역사적 인물 등을 말하며, 미디어를 통해 만들어진 가상의 이야기는 영화나 드라마에 등장하여 마치 실제 있었던 것처럼 느껴지는 이야기를 의미한다. 완전히 새로운 이야기는 신도시나 테마 공원, 복합 쇼핑몰처럼 도시에 새롭게 형성된 공간에 관한 내용을 포함한다.

별주부 마을

충남 태안군 남면 원청리 별주부 마을은 전체가 별주부 이야기를 모티브로 스토리텔링되고 있는 곳이다.

깊은 바닷속 용궁나라. 용왕님이 병환이 들어 대신들의 근심이 이

만저만이 아니다. 용왕님을 진맥한 의원은 토끼의 간만이 살릴 수 있다고 한다. 충신 자라가 사명을 띠고 육지로 올라왔다. 고생 끝에 토끼를 발견한 자라. 금은 보화와 높은 벼슬을 약속하며 토끼를 꾀어 용궁으로 데려간다. 용궁에 도착한 토끼는 자라에게 속아 목숨이 위태로운 상황임을 알게 된다. 토끼는 순간 꾀를 내어 간을 바위에 널어 말리느라 가져오지 못했다면서 위기를 모면한다. 육지에 도착한 토끼는 어리석은 자라를 조롱하며 사라진다.

꾀돌이 토끼가 주인공으로 나오는 별주부전은 고구려의 설화 '귀토지설(龜兎之說)'을 바탕으로 한 것이다. 이 설화가 판소리 수궁가로 이어지고, 다시 별주부전으로 정착되었다. 별주부 마을에 가면 이야기에 등장하는 장소를 곳곳에서 만나게 된다.

용새골은 자라가 토끼의 생간을 구하기 위해 처음으로 육지에 올라온 곳이며, 묘샘은 유혹에 넘어간 토끼가 자라의 등에 업혀 수궁으로 들어간 뒤 위기를 모면하기 위하여 "간을 떼어 청산녹수 맑은 샘에 씻어 바위에 널어 두고 왔다."고 했던 그 샘이 있던 자리다. 노루미재는 구사일생으로 육지에 돌아온 토끼가 간을 떼어 놓고 다니는 짐승이 어디 있냐며 자라를 놀려댄 후 사라진 곳이며, 원청리 해변에 자리 잡은 자라바위는 마치 뭍으로 기어오르는 형상을 하고 있다. 둥그런 모양이 자라를 닮았는데, 자라는 토끼에게 속은 것을 탄식하며 용왕을 향한 채 죽은 뒤 바위가 되었다고 한다. 바위 옆에는 이름 없는 석공이 만든 토끼 조각이 있는데, 웃는 표정에서 익살과 해학이 묻어난다.

별주부 마을의 곳곳에는 이야기 속에 등장하는 장소가 실존하며, 우리를 상상의 나라로 이끈다. 별주부전 연극 공연도 빼 놓을 수 없는 재미이며, 토끼의 주식인 참취나물을 재배하여 50여 농가에서 매년 10억 여 원 가량의 매출을 올린다고 한다.

이처럼 이야기가 있는 테마 마을을 만들 때, 주의해야 할 것은 지나치게 상업적으로 접근해서는 안 된다는 점이다. 자연스럽게 이야기를 따라 꾸며져야 하며, 길모퉁이에 있는 돌 하나, 계단 하나에도 이야기의 향기가 배어 있어야 한다. 그리고 주민과 방문객이 새롭게 만들어 내는 이야기가 시간과 함께 첨가되어 발전해 나가야 한다.

마을 전체가 하나의 테마를 따라 통일성을 갖추며 이야기를 풀어낼 때, 상상의 세계는 보고, 듣고, 만지며 현존하는 장소로 탈바꿈한다. 상상과 현실이 뒤엉킨 그곳, 누구나 자유롭고 누구나 주인공이 되는 그곳에서 우리는 구석구석 숨겨진 보물을 찾아내며 행복감에 젖어들게 된다.

산타 마을 로바니에미

어린 시절, 누구나 빨간 옷을 입고 하얀 턱수염을 한 산타 할아버지를 만나고 싶다는 소망을 품어 봤을 것이다. 선물 보따리에 내가 원하는 선물을 담아 나를 찾아오리라 믿었던 그 시절에는 아마도 세상의 때가 묻지 않은 순백의 마음을 간직하고 있었을 것이다. 그런데 진짜 산타할아버지가 사는 마을이 있다면 어떨까?

커다란 키에 꼬불꼬불한 수염. 아이들의 고백을 들어주거나 어른들의 어린 시절 크리스마스에 얽힌 추억을 나누는 산타. 그는 분명 이 세상에 존재한다. 바로 핀란드 북부의 한 오지마을 로바니에미. 전 세계 어린이들은 이곳에 진짜 산타가 산다고 믿는다.

사실 이 마을은 역사적으로 볼 때 산타클로스와 아무런 연관이 없었지만, 북극 어딘가에 산타가 살고 있다는 소문의 한 자락을 잡고 산타 마을을 일구어 내었다. 산타 마을은 핀란드 수도 헬싱키에서 약 800km 떨어진 라플란드 지역의 주도 로바니에미에 자리 잡고 있다. 인구는 6만 명 정도이며, 북극권인데다 1월 평균 기온 영하 12도의 혹한으로 인해 외지인들이 찾아올 환경을 갖추지 못했지만, 매년 100만 명 이상의 관광객이 다녀간다고 한다. 원래 이 마을은 제2차 세계대전 당시 독일군의 공격으로 폐허가 되었던 곳인데, 마을의 재건을 위해 '산타클로스는 북쪽 어딘가에 산다.'는 사람들의 작은 믿음에 의지하여 1950년대 북극 센터를 지었다. 그리고 반년 동안 눈으로 덮여 있으며, 백야와 오로라가 있는 산타의 나라 로바니에미를 널리 홍보하였다. 이후 1980년대 중반 산타 복장을 한 화가들이 관광객들에게 초상화를 그려 주면서 산타 마을의 브랜드 작업이 본격화되기 시작하였다.

세계 각지에서 보내온 편지가 쌓이는 산타 우체국에서는 아이들에게 일일이 각 나라의 언어로 답신을 해 준다. 주소를 쓰지 않고 '핀란드의 산타 할아버지께'라고만 써도 편지는 이곳 산타 마을로 배달된다. 산타의 집무실과 우체국, 순록이 끄는 썰매, 산타파크에 이르기까지 로바니에미는 마을 전체가 동화책이 되어 '산타'를 스토리텔링하고 있다.

Point

롤랑 바르뜨는 "도시는 한 편의 시와 같다."고 하였다. 그러나 도시는 그 한 편의 시를 쉽게 써 내려가지 않는다. 그 안에 사는 사람들, 손님, 역사, 전통, 문화……. 새로움을 더한 완성도 높은 한 편의 시를 짓기 위해 도시는 자신의 시를 고치고 또 고쳐야 한다. 오늘날 많은 도시들이 도시의 이미지를 만들기 위해 값비싼 비용을 치르며 새로운 디자인으로 도시를 단장하거나, 테마파크를 건설하거나, 멋진 슬로건을 내건다. 그러나 정작 도시가 담아 내야 할 것은 '테마가 있는 이야기'이다. 도시의 유전 코드를 찾아 내어 정체성을 만들고, 옛것에 새로움을 덧입혀 늘 한결 같으면서도 싫증나지 않는 도시를 이야기할 때, 도시는 한 편의 아름다운 시가 될 수 있을 것이다.

Training

내가 살고 있는 도시는 어떻게 스토리텔링해야 할까? 각 단계에 해당하는

이야기를 찾아보자.

01. 원래 공간에 존재하는 이야기

02. 미디어를 통해 만들어진 가상의 이야기

03. 완전히 새로운 이야기

이야기에서 맛을 느끼는
음식 스토리텔링

storytelling

하루 일 끝마치고
황혼 속에 마주 앉은 일일 노동자
그대 앞에 막 나온 국수 한 사발
그 김 모락모락 말아 올릴 때

남도 해 지는 마을
저녁 연기 하늘에 드높이 올리듯
두 손으로 국수사발 들어 올릴 때

　　－ 고정희, '그대가 두 손으로 국수 사발을 들어 올릴 때' 중에서

종갓집 밥상에서 정을 나눈다

　이웃에 대한 나눔의 정이 물씬 배어 있는 종갓집 음식. 수고한 이들에게 따뜻한 밥 한 끼 지어 주던 정성이 300년을 이어져 내려오는 곳이 있다. 강원도 강릉시 난곡동에는 소나무 숲이 울창한 언덕

을 지나 꼬불꼬불 시골길을 한참 들어가면 고즈넉하고 나지막한 초가집 한 채가 눈앞에 나타나는데, 그곳이 바로 9대째 창녕 조 씨 종갓집 밥상 맛을 볼 수 있는 '서지초가뜰'이다. 이 식당에서는 밥상을 통해 옛 조상들의 일상과 만날 수 있으며, 종갓집의 기품, 노동의 가치, 전통 음식 방식 등을 배울 수 있다. 마른 호박과 고비나물, 매실장아찌, 포식혜, 잡채, 전, 생선을 비롯한 반찬과 씨종지떡, 식혜에 이르기까지 손이 많이 가고 정성이 가득 담긴 음식을 한껏 맛볼 수 있다.

시어머니로부터 모밥과 질상 차리는 것을 전수받은 창녕 조 씨 9대 종부 최영간 씨는 시대가 변하면서 전통 음식이 사라져가자 시댁 어른들과의 추억이 담긴 음식 맛을 재연하고 싶은 마음이 들었다. 1998년 최 씨는 시할아버님과 일손을 돕던 일꾼들의 이야기를 담은 음식을 만들었고, 이렇게 해서 서지초가뜰에는 며느리 최 씨의 옛 어른들에 대한 그리움과 나눔의 이야기가 담긴 밥상이 차려지게 되었다. 집 앞으로는 너른 논이 펼쳐져 있고, 뒷산에는 대나무가 서걱서걱 바람과 함께 흔들리며, 부엌에서는 자글자글 음식이 익어가는 곳. 서지초가뜰의 스토리텔링은 이처럼 모든 것이 완벽하게 조화를 이루고 있다.

 **'서지초가뜰'의 스토리텔링 방식**

1. 음식과 이야기

못밥

'모밥'이라고도 하며, 농촌에서 모내기를 할 때 함께 일을 하던 일꾼들끼리 들에서 나눠 먹던 음식을 말한다. 고생한 일꾼들에게 광주리 한가득 음식을 담아 감칠맛 나는 식사 한 끼를 대접한 데서 시작되었다고 한다. 서지초가뜰의 못밥은 흰쌀에 팥을 넣어 액을 물리치고, 영양 섭취도 도왔다. 밥과 국은 나무그릇에 담아 들에서 먹던 풍경을 재연하였는데, 과거에는 고생한 일꾼을 위로하는 동시에 안주인의 음식 솜씨도 자랑하는 소박하지만 따뜻한 밥상이었다.

질상

질상은 모내기를 마치고 단오가 지난 뒤 지친 몸과 마음을 달래는 농한기에 동네 사람들을 불러 잔치를 벌이며 나누어 먹던 음식이다. 때로는 미국의 'Potluck Party'처럼 집집마다 한 가지씩 음식을 만들어와 일꾼들을 위해 축제를 벌이기도 했다. '질'은 모를 심는 날의 일꾼 수를, '질꾼'은 모를 심는 일꾼을, 질상은 질꾼들을 위한 음식상을 말한다. 논의 안주인이 나무 그늘 아래 한 상 가득 음식상을 차려 놓으면, 두런두런 모여 앉아 이야기도 나누고, 풍년도 기원하며 음식과 술을 나누었다.[25]

씨종지떡

씨종지떡은 맛과 모양이 백설기와 비슷하지만 훨씬 투박하며, 경상도의 쑥털털이처럼 제멋대로 뭉쳐져 '두가리'라고 하는 목재 그릇에 담겨 나온다. 모내기 때 뿌리고 남은 볍씨로 만든 떡으로 설탕이 귀하던 시절 늙은 호박과 대추를 넣어 단맛을 냈던 그대로다.

포식혜

명태포나 오징어포를 잘게 썰어 물에 담가 둔 뒤 엿기름과 찹쌀밥, 고춧가루, 무를 잘 섞어 2주 정도 삭힌 후에 먹는다. 잔잔하게 썬 무가 삭으면서 효소가 나오는데, 달콤하고 매콤한 것이 '밥도둑'이라 불릴 만하다.

2. 장소와 이야기

아담한 초가집 서지초가뜰에서 손님을 받고, 300년된 고택에는 자손들이 살고 있다. 서지는 쥐가 곡식을 보관하고 있는 땅의 형상을 띠고 있으며, '습기나 바람이 없는 명당'을 이르는 말이었다. 즉, 쥐가 곡식을 보관해 두고 싶을 정도로 풍요로운 땅의 기운을 의미한다. 손님이 많을 때는 수수한 굴피집을 구경하다가 집안이 궁금해지면, 문을 열고 들어가 병풍이 둘러 있고 고서화가 걸려 있는 방에서 기다리면 된다. 밥상을 차려놓은 서지초가뜰은 소나무 원목 식탁과 한지 벽지, 꽃잎을 붙인 창호지, 옛 가구, 병풍, 난, 수석 등으로 꾸며져 있어 마치 종가집 주인의 초대를 받아 간 것처럼 살가운 느낌이 들게 한다.

3. 이야기의 공유

음식이 스토리텔링될 때, 음식과 음식점, 주변 경관은 나눌 가치가 있는 것으로 거듭난다. 맛과 종류가 비슷한 한정식이지만, 굳이 소나무 구릉을 지나 꼬부라진 시골길을 넘어 초가집까지 찾아오는 이유는 이야기를 체험하거나 공유하기를 원하기 때문이다. 서지초가뜰은 배용준의 여행 안내서인 ≪한국의 아름다움을 찾아 떠난 여행≫에도 소개되어 배용준을 좋아하는 일본, 중국, 대만 관광객들이 많이 찾고 있다. 한겨울에도 관광버스가 줄줄이 들어와 사진을 찍고 향토 음식인 못밥의 진한 맛을 즐긴다. 그들은 고국으로 돌아가 또 다른 이야기를 퍼뜨리기 때문에 이곳을 찾는 외국인들의 숫자는 줄지 않는다.

종갓집 밥상은 네이버 파워블로그 '팻투바하의 맛있는 라이프스타일', 싸이월드 블로그 '오마이 줄리아' 등에 소개되었으며, 문화일보에도 〈창녕 조 씨 명숙공 가문 '사위 첫 생일상'〉이라는 제목의 기사가 실리기도 하였다.[26) 입맛 까다로운 아이들을 만족시킨 행복한 한 끼, 친구의 생일을 축하하며 한턱을 낸 생일상, 부모님께 모처럼 효도 한 번 해 드린 것 같아 뿌듯한 한 상……. 이처럼 맛있고 정겨운 이야기는 파도를 타고 끝을 알 수 없는 미지의 세계로 퍼져 나간다.

'서지초가뜰'의 스토리텔링 과정[27]

스토리 발굴

- 창녕 조 씨의 종갓집 음식
- 농경 문화와 음식의 만남
- 질, 질꾼, 질터, 질 먹는 이야기

스토리 연출

장소 : 공간, 건축물, 주변 환경, 인테리어
음식 : 못밥, 질상

스토리 체험

● 물리적 환경

내부적 요소 : 청결성, 쾌적성, 심미성, 내부 인테리어
외부적 요소 : 건축물, 공간 구조, 주변 환경, 농촌 경관, 안내판

● 비물리적 환경

실체적 요소 : 음식 맛, 디스플레이, 메뉴명, 메뉴판, 종업원 복장 등
정서적 요소 : 음식에 대한 종업원 설명, 서비스, 이미지 등

스토리 공유

구전, 대중매체, 인터넷, 여행 후기 등

요리와 블로거의 달콤한 만남

당신은 내 버터이자 내 인생의 숨이야.

2002년 뉴욕 퀸즈의 피자집 2층에 살고 있는 줄리 파웰. 대학 시절 교지 편집장을 지내며 이름을 날리던 그녀는 성공이 당장 눈앞에 있다고 생각했지만, 8년 동안 파트타이머를 전전하다가 지금은 말단 공무원으로 9·11 사건을 처리하고 있는 신세다. 이미 자존심은 구겨질 대로 구겨졌지만, 그녀는 작가가 되겠다는 가느다란 희망의 끈을 놓지 않고 있다. 서른을 앞두고 여전히 작가를 꿈꾸지만 작품 하나 끝낸 것이 없는 그녀를 위해 남편 에릭은 블로그 글쓰기를 제안한다. 요리를 좋아하는 줄리는 요리의 대가 줄리아 차일드가 쓴 ≪프랑스 요리의 달인 되는 법≫의 레시피를 따라하는 과정을 블로그에 올리기로 마음먹는다. 이 과정에서 줄리는 단순히 대가의 요리를 배우는 것에 그치지 않고, 평범한 주부로 요리사에 도전하고 출판 영역에까지 발을 넓힌 줄리아 차일드의 낙천적이고, 인간적이며, 성실한 삶의 자세를 닮아가게 된다.

'도전 365일, 524가지 요리법 익히기'라는 '줄리 & 줄리아 프로젝트'를 시작한 줄리. 무모해 보이고, 공허해 보이던 혼자만의 낙서장이자 일기장이던 그 공간에 많은 사람들이 관심을 가지면서 줄리는 마침내 파워 블로거로 성장하고, 출간을 제의받기에 이른다.

요리의 대가인 줄리아와 작가를 꿈꾸며 요리를 좋아하는 줄리의 삶을 다룬 영화 '줄리&줄리아'에서 우리는 요리가 기술이 아니라 이야기이며, 사랑이자 여유라는 것을 배우게 된다.

"8월 24일 도전 11일째. 버섯을 많이 넣지 말라는 것이 바로 이건 가요? 남은 시간 353일, 끔찍한 하루였죠. 인상 좋은 할머니가 저더러 펜대 굴리는 바보라더군요. 대신 집으로 돌아와 크림, 버섯, 와인을 넣어 만든 닭요리는 환상적이었죠. 빅 뉴스 하나, 전 평생 버섯 조리법을 잘못 알고 있었어요. 버섯은 적당량만! 안 그러면 안 볶아져요. 듣고 있나요? 누구든지요."

식탁에 오르는 음식이 만들어 내는 오묘한 맛과 비밀스런 사연들을 상호작용의 공간에 오픈하는 줄리의 블로그. 그 속에 등장하는 또 하나의 인물인 전설적인 프렌치 셰프 줄리아와의 상상적 교류를 통해 줄리의 블로그는 훨씬 풍부해지며, 독특해진다. 계란을 싫어하던 줄리가 수란을 통해 접하게 된 계란의 부드러운 맛이나 랍스터 죽이는 과정, 오리 뼈 바르기, 닭다리 묶기 등 줄리아의 요리책에 등장하는 요리 비법은 줄리의 블로그를 통해 일상의 언어로 재탄생한다. 공허한 메아리인 줄 알았던 줄리&줄리아의 블로그. 많은 사람들이 줄리의 요리 이야기에 관심을 갖게 되면서 마침내 줄리는 관계의 중요성을 깨닫게 되고 자신감을 회복한다.

접시 위에 예술을 담다

프랑스 최고의 레스토랑으로 알려진 '르그랑 베푸르(Le Grand Vefour)'는 장소의 이야기에 요리사의 이야기가 더해져 흥미진진한 이 야깃거리를 만들어 낸다. 이곳은 1784년 루아얄 궁전의 정원 안에 '사르트르 카페'라는 이름으로 처음 문을 열었는데, 1820년, '베푸르' 라는 성을 가진 사람이 인수하면서 '르 그랑 베푸르'로 이름을 바꾸 었다. 귀족적이고 고풍스런 18세기 실내 장식으로 평판이 자자할 뿐 만 아니라 프랑스의 레스토랑 평가서인 미쉐린 가이드로부터 1953 년 별 3개를 받은 것을 시작으로 예술적 요리의 명가로 이름을 날리 고 있다. 조르쥬 상드나 빅토르 위고와 같은 문학인을 비롯하여 정 치가, 예술가들이 드나들며 교류하는 사교장으로서의 역할도 했던 르그랑 베푸르에서는 귀족적이며, 지적인 프랑스 고전극의 주인공이 되어볼 수 있다.

기 마르탱(Guy Martin)은 르그랑 베푸르 레스토랑의 맛을 책임지며 환상적이고 예술적인 요리로 고객을 사로잡는 요리의 명장이다. 프 랑스 최고의 요리사 가운데 한 명인 그는 르그랑 베푸르의 대표이자 대표 요리사이지만, 유명한 요리 학원을 다녀본 적도, 유명 요리사에 게서 가르침을 받은 경험도 전혀 없다. 200년이 넘는 역사를 지녔으 며, 프랑스 최고의 레스토랑 가운데 하나로 칭송받는 이곳의 셰프가 독학파라니, 어떻게 이런 일이 가능한 것일까?

고등학교를 중퇴하고 열일곱 살이 되던 해, 한 작은 피자집에서 6개월 동안 설거지부터 시작했던 기 마르탱은 요리의 매력에 빠져들어 매일 혼자 3개의 요리법을 터득해 갔다. 독학으로 요리를 깨친 그는 정식 요리사로 일을 시작하게 되었고, 6개월 만에 미슐랭의 별 하나를 받아 입지를 굳히게 된다. 마침내 1996년, 르그랑 베푸르의 셰프가 된 그는 '유럽 최고의 요리사'로 선정되었고, 2001년 '프랑스 최고의 요리사'에 이어 2003년 '프랑스 문화 예술 훈장'을 수상하기에 이른다.

기 마르탱의 요리는 한 편의 시 또는 한 폭의 그림 같이 아름다우며 환상적이다. 무엇보다 그의 요리에는 이야기가 들어 있다. 기 마르탱은 자신의 요리 안에 이야기를 담아, 예술로 승화시킨다.

프랑스 산악 지역인 사부아 출신인 그는 험한 산에 오르거나 스키를 즐기면서 어떻게 목표를 설정하고 달성하는지 깨우쳤다고 한다. 자연이 가르쳐 준 겸손과 정직의 미덕은 그의 요리 전반에 흐르는 정신이다. 이와 함께 음식의 맛과 담는 방법, 그릇이 빚어 내는 조화는 그의 미적 감각에 기인한 것이다. 항상 박물관을 다니면서 영감을 얻는 그는 요리에 대한 아이디어가 떠오르면 연필과 종이를 꺼내 즉석에서 그림을 그려 메모해 놓는다. 특히 루브르 박물관을 자주 찾는 그는 그림에 맞는 요리를 개발해 한쪽에는 그림을, 다른 쪽에는 이미지에 어울리는 요리법을 제시하는 책을 발간하기도 했다. 그는 모네를 특별히 좋아하며, 밝고 몽환적이며 생동감 넘치는 예술의 세계를 접시 위에서 음식으로 구현한다.

한국의 한 신문사와의 인터뷰에서 '한국'을 요리로 풀어 내 달라는 주문을 받았을 때 그는 이렇게 답했다.

"젊고 신선하다는 느낌을 반영하는 의미에서 지금 이 계절에 나오는 재료, 그러니까 이 계절이 아니면 찾을 수 없는 재료를 사용할 것 같은데요. 또 한국의 이미지가 젊으니 톡 쏘는 양념을 넣고요. 그리고 한국이 서양에는 그리 잘 알려지지 않았으니 재료 중 잘 알려지지 않은 미스터리한 것을 넣고 싶네요."[28]

기자의 주문과는 달리 기 마르탱은 한국을 이야기로 풀어내 요리에 담는 아이디어를 내 놓았다. 요리는 기술의 산물이 아니라 만드는 이의 세계를 펼쳐 놓은 화폭과도 같다. 맛과 색, 배치가 조화를 이룰 때 한 끼의 식사는 완성도 높은 예술품이 되어 관객에게 즐거움을 안겨 준다.

Point

　우리나라의 사찰 음식은 슬로푸드로 몸에 좋고, 맛이 은은하며, 자연 친화적인 특징을 지니고 있다. 사찰 음식이 미국으로 건너갔을 때, 현지 기자들은 모두 음식의 맛에 대해서는 감탄했지만, 이야기가 부족하다는 점에서 아쉬움을 나타냈다고 한다. 지금 우리나라는 음식의 계량화, 영화나 드라마를 통한 홍보, 해외 홍보단 파견, 음식 여행 코스 개발과 같은 사업 등 한국 음식을 세계화하기 위해 여러 방면에서 애를 쓰고 있다. 그러나 무엇보다 앞서 해야 할 일은 음식 하나하나에 이야기를 접목시키는 작업이다. 요리와 재료, 요리사, 음식점에 얽힌 이야기를 발굴하고 스토리텔링할 때, 세계는 한식이 지닌 가치에 주목하게 될 것이다.

Training

한국 전통 사찰음식에는 어떤 것이 있는지 찾아보자. 이 내용을 바탕으로 외

국인들이 공감할 수 있도록 신문 기사로 스토리텔링해 보자.

01. 조사해야 할 내용

· 사찰 음식 이름

· 음식의 유래

· 재료의 효험

· 음식 만드는 법

· 음식을 만드는 사람에 관한 이야기

02. 기사 스토리텔링 방식

· 타이틀

· 서브 타이틀

· 기사 내용

04

전통 의식을
스토리텔링하다

storytelling

헤이이 좡 족의 결혼 이야기

이웃나라 중국에 사는 헤이이 좡 족의 결혼에 얽힌 이야기를 들어보자. 이곳에서는 자연환경이 만들어 낸 삶의 방식과 태도가 독특하고 토속적인 결혼 스토리를 만들어 낸다.

오늘은 결혼식이 거행되는 날이다. 신랑 집에서는 이미 조상님께 결혼을 알리고, 가축을 보호하는 신들에게 올리는 제사를 끝낸 터다. 신랑의 친지들은 아침 식사를 마친 뒤 신부의 집을 향해 길을 떠난다. 19살의 앳된 신부는 두건으로 머리를 가리고 있다가 들러리가 문 앞에서 빨간 우산을 켜자 재빨리 머리 수건을 벗고 우산을 쓴다.

집을 나선 신부는 꽃차에 오를 때까지 이렇게 빨간 우산을 쓴 채 움직인다. 다른 들러리 1명은 수건과 돗자리를 들고 가는데, 수건은 신부가 신랑 집에 도착해 세수를 한 뒤 얼굴을 닦기 위해, 돗자리는 신랑 집에서 신부가 잠을 잘 때 바닥에 깔기 위해 준비한 것이다. 꽃마차를 탄 신부가 신랑이 사는 동네 어귀에 도착하면 신랑의 친척과 친구들이 이들을 맞이한다. 신랑의 집에 들어가자마자 신부는 세수를 하고, 수건으로 얼굴을 닦은 뒤 새 옷으로 갈아입는다. 신랑 친척들은 신부를 맞는 기쁨을 0자, 8자, 희(囍)자 모양의 춤으로 표현한다.

이어서 결혼을 주도하는 도사가 천지신명에게 제사를 지내며 새로 들어온 식구를 소개한다. 제사가 끝나면, 신랑 가족들은 혼수품이 들어 있는 궤짝의 열쇠를 찾아 그 안의 사탕을 하객들에게 나눠 주고, 사이사이에 들어 있는 현금은 동서가 갖는다. 신랑 집에서는 밤새 피로연이 진행된다. 피로연을 마친 뒤 신부는 신랑과 첫날밤을 보내지 않고, 자신의 친구들과 한 방에서 잔다. 날이 밝기 전, 신부는 들러리들과 함께 몰래 신랑 집을 빠져나와 친정으로 돌아온다. 신부는 결혼을 하고 난 뒤 일정 기간 동안 친정에서 지낸다고 한다. 그렇다면 첫날밤은 도대체 언제 치르는 것일까?

헤이이 쫭 족의 전통에 따르면 신부는 결혼을 하고도 남편 집에 머물지 않으며, 동침도 하지 않는다. 신부는 친정에 계속 머물면서 여러 번 신랑 집에 손님처럼 가서 지내고 온 뒤에야 신랑 집에 가서 살 수 있다. 그러나 신랑 집에서 지내더라도 첫날밤은 신랑이 신부의 방에 숨어 들어가면서 시작된다고 한다. 이 과정을 몇 번 거친 뒤 신부가 임신을 하면 그때 비로소 신부는 신랑 집에 정착하게 된다.[29]

세기의 결혼식

발코니에서 달콤한 키스를 나누는 왕자와 공주, 동화 속 장면을 현실에서 재연한 영국 왕실의 결혼식을 보면서 전 세계 20억 인구는 환호성을 보낸다. 스코틀랜드의 세인트앤드루스 대학에 다니던 윌리엄 왕자는 교내 자선 패션쇼에서 모델로 나선 케이트 미들턴을 보고 첫눈에 반해 버린다. 이렇게 해서 왕자의 사랑은 시작되었고, 마침내 세기의 결혼식으로 그 결실을 맺었다. 케이트 미들턴은 지난 1660년 제임스 2세와 결혼한 앤 하이드 이후 350년만의 첫 평민 신부라고 한다.

2011년 4월 29일 거행된 영국 왕위 계승 서열 2위인 윌리엄 왕자와 평민 출신 케이트 미들턴의 결혼식은 영국의 전통을 보여 주는 초대형 이벤트였다. 윌리엄 왕자는 버킹엄궁 근위병 교대식으로 잘 알려진 붉은 육군 제복을 입고 입장을 하였는데, 여기에는 전쟁터의 맨 앞에 서는 보병들에 대한 경의가 담겨 있다. 이어 우아하고 고풍스런 드레스를 입은 신부 케이트 미들턴이 아버지의 손을 잡고 입장하였다. 1,000년이 넘은 웨스트민스터 사원에서 전통에 따라 성공회 대주교의 주례로 종교적 예식을 치르는 모습은 전 세계에 생중계되었다.

결혼식이 끝난 후 윌리엄 왕자와 케이트는 웨스트민스터 사원에서 버킹엄 궁까지 기마병들의 호위를 받으며 1902년산 스테이트 랜도 마차를 탄 채 퍼레이드를 벌였고, 군중은 열렬히 환호하였다. 왕실 결혼식의 하이라이트는 바로 '발코니 키스'이다. 엘리자베스 여왕 때부터 이어져 내려온 이 전통은 찰스와 다이애나의 결혼식 때도 선보였다. 로열 키스를 감상하는 기쁨을 누릴 수 있는 기회가 자주 오는 것이 아니기 때문에 사람들은 짧은 입맞춤에 아쉬움을 느끼며 "한 번 더!"를 외치고, 왕자 부부는 군중의 성원에 답례라도 하듯 한 번 더 공개적으로 키스를 한다. 왕실 결혼식을 통해 우리는 영국의 전통과 품격, 그리고 따뜻함을 느낄 수 있다.

한 쌍의 남녀가 만나 부부가 되는 의식을 치르기까지는 웃음과 눈물, 만남과 이별, 믿음과 의심 등 여러 가지 감정이 교차하고 숱한 사건들이 있었을 것이다. 그 끝에 선물처럼 주어지는 '결혼'이라는 의식이 후다닥 지나가는 행사나 공장에서 찍어내는 통조림처럼 틀에 박힌 일이 되어서는 곤란하다. 신랑과 신부의 이야기를 담고, 우리의 전통을 담고, 가족과 친지의 축복을 담아 내는 재미있는 결혼식. 굳이 왕족이 아니더라도 누구나 '세기의 결혼식'에 주인공이 될 자격이 있지 않은가?

삶과 죽음의 경계

"아버님, 오늘은 좀 어떠세요? 여기 물과 음식을 가져왔으니 어서 드세요."

며느리가 정성스럽게 물과 음식을 바치며 말을 걸지만, 시아버지는 이미 이 세상 사람이 아니다. 그녀는 마치 살아 있는 사람에게 하듯 시신에게 말을 걸고 음식을 건넨다. 이곳은 인도네시아 중부 술라웨시 고원 지대에 자리 잡은 또라쟈 족의 마을. 이곳 사람들은 탄생이나 혼인에 관한 의식보다 죽음에 관한 의식을 훨씬 중요하게 생각한다. 장례식을 성대하게 치를수록 내세에 더 좋은 곳으로 간다고 믿고 있기 때문에 장례 비용이 마련될 때까지 몇 년 동안 시신을 집안에 두는 것이 보통이다. 또라쟈족은 장례를 치르기 전까지 입관된 상태의 시신을 집안에 둔 채 죽은 사람이 아니라 환자로 여겨 아침마다 음식과 물을 가져다 놓는다고 한다.

장례식을 치를 무렵이 되면, 고인과 가까이 지내던 친구, 친지, 자녀들은 한두 마리의 물소를 바치는데, 촌장이 고인의 덕을 칭송하는 연설을 마치면 물소 도살이 행해진다. 물소 도살 현장은 끔찍하고 피비린내로 가득하지만 문상객들은 오히려 환호를 보낸다. 이곳 사람들은 고인의 영혼이 떠날 때 물소를 타고 영적 세계로 들어간다고 생각하기 때문이다. 묘지는 주로 절벽에 깊게 굴을 파서 만드는데, 묘지 입구의 발코니에는 고인이 살아 있을 때의 모습과 닮은 나무 인형을 세워 둔다.[30]

또라쟈 족은 죽어도 살아 있는 것처럼 망자가 산 자와 함께 지내다가 물소의 희생이 진행되는 향연을 거쳐 물소의 영혼을 타고 사후 세계로 떠나는 여행으로 끝을 맺는다. 작별은 슬픔이 아니라 오히려 축복이기 때문에 여인들은 검은 드레스에 화려한 무늬의 장식을 달고 향연에 참석한다. 이제 해안가 절벽 어딘가에 묻은 그들의 이야기는 세월이 지나도 나무 인형의 얼굴에 아로 새겨져 남은 이들에게 전해질 것이다.

Point

관혼상제는 우리가 살아가면서 치러야 하는 여러 의식을 말한다. 나라와 민족, 종족마다 각기 다른 의식을 통해 사람들은 역사와 전통, 삶과 죽음에 대한 철학과 마주하게 된다. 그러나 오늘날 출생, 결혼, 장례, 제례 등의 의식을 보면, 다분히 형식적이고 천편일률적이며, 건조하다는 생각이 앞선다. 비용은 비용대로 들고, 몸은 고달프지만, 이야기가 없기 때문에 재미와 감동이 없고, 마음이 움직이지도 않는다.

전통적으로 우리나라의 의식은 소리와 춤이 어우러진 종합 예술이었으며, 멋과 향취, 애환이 담긴 축제였다. 진도의 경우 30년 전까지만 해도 전통 장례식이 진행되었으며, 진도 씻김굿의 가사와 곡조에서는 예술적 가치를 발견할 수 있다. 특히 진도 씻김굿은 '발단-전개-위기-절정-결말'의 구성 요소를 지니고 있기 때문에, 무대 예술로서의 가치도 크다.[31]

의식과 생활, 예술이 어우러질 때, 제의는 문화 원형으로 우리의 삶에 관여하며 계승되고 발전해 나갈 수 있다. 따라서 의식을 단순히 행사로 여기기보다는 스토리와 플롯을 지닌 하나의 '예술'이자 '축제'로 승화시키려는 노력이 필요하다.

Training

헤이이 쫭 족을 주인공으로 하여 상상 속의 결혼식을 연출해 보자.

· 주인공의 성격, 외모, 취향

· 주인공의 러브스토리와 결혼식

· 결혼을 방해하는 장애 요소

· 주인공의 조력자

· 엔딩

"Everything is a brand"

— John Fanning

03

스토리텔링으로
브랜드를 알려라

01

기업의 가치를 높이는
브랜드 스토리텔링

브랜드 스토리를 만들어라

대한민국, 경기도, 수원시, 배용준, 삼성, 샤넬.

이들의 공통점은 모두 '브랜드' 가치를 지니고 있다는 것이다. 오늘날 브랜드는 단순히 '상표'를 의미하던 기존의 편협한 정의에서 벗어나 상품의 구매 편리성, 포장 상태, 품질 등을 포함하는 이성적 요소와 제품이나 기업에 대한 인상, 아이디어, 견해, 서비스를 포함하는 감성적 요소가 결합한 개념으로 정의된다.[32] 가드너와 레비(B. V. Gardner & S. J. Levy)는 아이디어와 구성물의 다양성을 나타내는 '복합적인 상징(complex symbol)'이 브랜드라고 하면서 상품에 대한 기술적 요소보다 '공적 이미지', '캐릭터', '개성'이 더 중요하다고 강조하였다.

아일랜드 최고의 광고 회사 CEO를 역임한 존 패닝은 1937년에 건재했던 기업 가운데 현재까지 살아남아 성공한 기업을 연구한 적이 있다. 그 결과 성공적인 브랜드 관리를 위해서는 끊임없이 변화하는 시장 상황에 부응하는 혁신이 필요하며, 고객 취향의 진화를 예측해야 하고, 새로운 세대들에게 브랜드에 관한 스토리를 말해 주는 것이 중요하다는 결론을 내렸다. 패닝은 이 가운데 가장 중요한 열쇠가 바로 '스토리텔링'이라고 하였다. 기업의 핵심 가치는 그대로 가져가되, 사회적 변화를 고려한 스토리로 업데이트하면서 끊임없이 기업에 관한 이야기를 해야 한다는 것이다.[33]

패닝이 말하는 성공적인 브랜드를 위한 황금률은 두 가지다.

첫째, 지속적으로 혁신하라!
둘째, 브랜드에 관해 계속 이야기하라!

지속적인 혁신은 시장에 대한 예측과 제품의 품질 향상으로 시도해 나갈 수 있지만, 브랜드에 관한 이야기를 계속 하는 것은 어떻게 가능할까?

기업은 진실에 근거한 스토리, 흥미 있는 스토리, 미래 지향적인 스토리, 사람에 관한 스토리를 쉬지 않고 만들어 내야 한다.

꿈의 기업, 애플

애플은 컴퓨터 회사이지만 커뮤니케이션에 있어서 기술적인 전문 단어를 사용하거나 기술에 바탕을 둔 기업이라는 이미지를 표시하지 않는다. 회사의 이름은 과일 이름에서 따온 '애플'이며, 한 입 베어 먹은(bite) 자국만이 컴퓨터 용어인 '바이트(byte)'를 떠올리게 할 뿐이다. 애플이 내세우는 것은 '더 나은 세상을 위한 변화'이다. 스티브 잡스가 후에 자신을 내쫓은 펩시콜라의 존 스컬리를 애플의 CEO로 영입하면서 던진 말은 "당신은 세상을 바꾸기를 원하는가?"였다고 한다.

"Do you want to spend the rest of your life selling sugared water, or do you want a chance to change the world?"(당신은 남은 인생을 설탕물을 파는 데 허비할 겁니까? 아니면 세상을 바꿀 기회를 얻기를 원합니까?)

애플의 CEO가 된 존 스컬리는 애플의 메시지를 "열정을 가진 사람들은 우리가 사는 세상을 보다 나은 곳으로 변화시킨다."라고 하였는데, 이러한 핵심적인 가치는 애플의 모든 이야기에 스며들어 있다. 기술을 꿈과 연계시켜 사람들을 매료시키고, 중독시키는 애플에 대해 브랜드 컨설턴트 마틴 린드스톰은 "애플 브랜드는 매우 강력하기 때문에 일부 소비자들은 마치 예수를 따르는 기독교인들과 비슷한 성향을 갖고 있다."고 평가하기도 하였다.

경제가 어려워지고 회사가 힘들어질수록 기업은 더 많은 이야기, 더 흥미 있는 이야기를 만들어 내야 한다. 또 소비자의 끊임없는 관심과 사랑을 받기 위해 일관성 있는 메시지를 담은 이야기를 계속해야만 한다.

아메리칸 드림, 아메리칸 어패럴

아무 상표도 없는 단순한 면 티셔츠에 열광하는 젊은이들. 도대체 아메리칸 어패럴(AA)의 옷은 무엇이 다르기에 고객들의 마음을 끌어 당기는 것일까? AA의 모토는 'Made in Downtown LA'이다. 거의 모든 의류가 메이드인 차이나, 메이드인 방글라데시, 메이드인 스리랑카 등 제3국의 값싼 노동력을 이용하기 위해 공장을 옮기는 마당에 미국 땅에서, 그것도 LA 한복판에서 의류를 직접 만든다는 것이 터무니없어 보인다. 그런데도 AA는 이민자들의 노동력을 정당하게 이용하여 이것을 가능하게 만들었다.

대부분의 글로벌 기업들은 값싼 노동력을 이용하여 이윤을 창출하기 위해 제3국에 공장을 세우고 노동력을 착취한다. 이를 스웨트숍(Sweat Shop)이라고 하는데, 노동자의 피와 땀과 눈물을 짜내어 부를 획득하는 기업을 일컫는 말이다.

이에 반해 AA는 LA 이민자들의 노동력을 활용하여 의류를 생산하면서 정당한 대가를 지불하는 것을 기치로 내세운다. 전체 1만 명의 근로자 가운데 5,000명이 LA에서 일하고 있으며, 전 세계 20개국에 285개의 숍을 운영하고 있지만, 바느질, 염색, 사진, 마케팅, 유통, 디자인까지 모두 미국의 기준에 맞춰 LA에서 이루어진다. 재봉사 평균 임금은 연 2만 5,000달러. 시간당 12불 정도인데, 이는 최저임금의 2배에 이르는 수준이다. 뿐만 아니라 노동자들의 휴식을 위해 마사지를 받게 하며, 교통비와 식대를 보조하고, 이민자를 위한 영어 클래스도 운영하고 있다. 의류업계는 계절 상품이 많기 때문에 고용이 불안정하기 일쑤지만, AA는 풀타임 근로를 원칙으로 하고, 직원들에게 주식을 배당한다. 더욱이 착한 기업답게 태양열을 이용하고 재활용 천과 유기농 면으로 옷을 만든다.[34]

소비자는 AA의 디자인에 열광하고, 기업 철학에 공감하며, 노동자들의 삶의 이야기에 기쁨을 느낀다. 아메리칸 어패럴이 추구하는 가치는 새로운 것이 아니라 오히려 너무도 익숙한 '아메리칸 드림'이다. 단지 그 앞에 '착한'이라고 하는 수식어가 하나 붙을 따름이다. 이 회사는 나쁘게 꿈꾸지 않고, 착하게 꿈을 이루어가겠다는 의지를 표명한다.

 **AA의 스토리텔링 전략**

1. 노동자의 삶과 기업 철학, 디자인의 일치

아메리칸 어패럴의 중심에는 노동자가 있다. 아메리칸 드림을 이루기 위해 낯선 미국 땅으로 건너온 이주 노동자는 LA 한복판의 공장에서 정당한 노동의 대가를 받으며 가족과 단란한 삶을 영위한다. 기업은 이민자들이 꿈을 이룰 수 있도록 도와주며, 불합리한 이민 정책과 이민법에 반대하고, 노동자들의 인권을 존중한다. 이러한 주제는 친환경적인 재질을 사용하여 로고가 없는 심플하고 도시적인 디자인을 통해 완성된다. 최종 생산물인 의류는 소비자에게 물건이라기보다는 '스토리'로 인식되어 폭넓은 지지층을 형성하게 된다.

2. '선'과 '악'의 이분법

아메리칸 어패럴은 반대 급부인 '스웨트숍'과의 대조를 통해 기업의 가치를 부각시킨다. 1990년대 중반, '착하지 않은 꿈' 또는 '나쁜 꿈'을 꾸는 기업들에 대한 질타가 이어졌다. 기업의 윤리 의식 부재에 대한 사회적 비난 여론에 불을 붙였던 것은 바로 라이프 지에 실린 한 장의 사진이었다. 나이키의 축구공 한 개를 완성하기 위해서는 육각형의 인조 가죽 32조각을 1,620번이나 꿰매야 한다. 사진의 주인공 타릭은 파키스탄에 사는 12살 소년으로 나이키 로고가 선명한 축구공을 바느질하고 있었다. 이 한 장의 사진 때문에 나이키의 주가는 폭락했고, 나이키는 아동 착취 기업이자 인권에 반하는 기업으로 낙인 찍혔으며, 대학들은 기부금마저 거부하는 지경에 이르렀다. 이와 비교할 때 AA는 착한 기업이다. 이민자들을 노동자로 고용하여 복지 시설과 정당한 임금을 제공하고, 고용의 안정을 보장한다. 이리하여 AA는 비윤리적이고 비인간적인 스웨트숍을 반대하는 '선한 존재'로 소비자에게 각인된다.

3. 미국 중심주의

AA의 스토리에는 미국이 '가난한 이민자들이 꿈을 이룰 수 있는 나라'이며, '우수하고 친환경적인 제품을 생산하는 나라'라고 하는 미국 중심주의가 짙게 깔려 있다. AA는 미국 땅에서 미국의 기준에 맞춰 미국인의 직접적인 통제 아래 생산한 제품이기 때문에 '미국인의 의복(american apparel)'이라는 상호를 자신 있게 사용한다.

Point

우리는 브랜드를 단순히 하나의 상표로 여기기보다는 친구나 동반자처럼 생각하는 경향이 있다. '루이 뷔통' 핸드백을 사기 위해 허름한 점심을 먹으며 돈을 아끼고, 백화점에 가서 줄을 서 있는 사람들을 보면 때로는 브랜드가 '목표'가 되기도 하는 것 같다.

'삼성'에서 만든 전자 제품에 대해 만족도가 높고 좋은 이미지를 가진 고객은 삼성 자동차를 구매하며, 삼성 래미안 아파트에서 살고자 한다. 이것이 바로 '브랜드 충성도'이다. 제품의 품질이 비슷하다면 사람들은 그 제품과 브랜드가 지닌 스토리에 마음을 홀리게 된다. 심지어 제품의 질보다 스토리가 만들어 낸 브랜드의 이미지에 더 끌리는 경우도 있다. 늘 새로운 기술과 언제나 마르지 않고 샘솟는 이야기로 고객의 마음을 훔치는 달콤한 브랜드가 되어야 한다.

story
telling

Training

자신이 좋아하는 브랜드를 하나 선택하여 브랜드 스토리텔링해 보자.

01. 브랜드명

02. 브랜드와 관련한 이야기 찾기(창업자, 직원, 제품, 고객 등)

03. 브랜드 스토리텔링하기

브랜드와 스토리, 제품을 연결하여 고객이 공감하고 참여를 유도할 수 있

도록 만들어 본다.

리더의 스토리텔링

성공과 실패를 좌우하는 CEO 이미지

오늘날 소비자는 제품의 소비에 있어서 제품 자체보다는 브랜드와 관련된 스토리나 이미지의 가치를 선호하는 경향이 강하다. 이에 따라 기업들도 CEO의 이미지를 내세워 브랜드의 가치를 높이기 위해 대중 매체와의 인터뷰, 사회 봉사 활동을 통한 대중과의 직접 접촉, 사회 공헌 사업에 공을 들이고 있다. 최근 CEO의 이미지가 제품 이미지에까지 영향을 미치는 사례들이 나타나고 있다. 특히 CEO의 긍정적 이미지는 조직 구성원들에게 조직에 몰입할 수 있는 동기를 부여하여 시너지를 창출하며, 고객들에게는 상품에 대한 호감을 증가시키는 중요한 변수로 작용하고 있다.[35]

수십 년간 빛바랜 청바지와 검은 티셔츠, 흰색 운동화를 고수했던 스티브 잡스의 이미지에는 열정, 자유, 도전, 창조의 정신이 담겨 있었다. 애플의 기업 이미지는 스티브 잡스와 일치하며, 지지층을 형성하였고, 애플의 명성과 지위를 유지하게 하였다. 이처럼 한 기업을 이끄는 리더는 그의 스타일과 용모, 말과 행동 하나하나에 의미를 담고 나아가야 한다. '리더'는 자신의 취향을 의상과 헤어스타일을 통해 드러내며, 리더의 말 한마디에는 철학과 비전이 담겨 있다. 따라서 리더의 일거수일투족은 자신을 스토리텔링하는 도구이자 형식이 된다.

미국의 경제 잡지 〈포춘〉에 6년 연속 가장 영향력 있는 여성 기업인으로 선정되면서 전 세계인의 관심을 받았던 칼리 피오리나. 휴렛패커드 최초의 여성 CEO가 된 피오리나의 이미지는 휴렛패커드의 기업 이미지에 많은 영향을 미쳤다고 한다. 피오리나의 이미지를 연구한 결과를 보면, 피오리나의 인기가 높을 때는 휴렛패커드의 주가가 상승세를 보였지만, 그녀의 리더십이 무너지고 이미지가 추락했을 때는 주가 역시 폭락했다고 한다.[36]

대표로 취임할 당시 칼리 피오리나는 세련된 옷맵시와 뛰어난 언변, 도전적인 자세로 탁월한 리더십을 발휘하였다. 언론은 앞 다투어 그녀의 메시지를 전하였고, 이 시기 휴렛패커드의 주가는 하늘 높이 치솟았다. 그러나 후반기에 접어들면서, 컴팩과의 합병이 무리하게 비쳐지고, 고집 세며 냉정하고 융통성 없는 이미지가 강조되면서 결국 기업의 주가에 영향을 미치게 되었다.

이처럼 기업을 이끄는 리더의 이미지는 CEO 개인의 것이 아니라 기업의 성공과 실패를 좌우할 수 있는, 기업과 브랜드의 스토리텔링 도구가 되고 있다.

신발 주는 남자, 블레이크 마이코스키

젊은 사업가이자 자신감에 넘치던 미국 청년 블레이크 마이코스키는 한 리얼리티 프로그램에 출연하여 어마어마한 상금을 거머쥐기 직전, 간발의 차이로 이를 놓치고 만다. 실망과 허전함을 달래기 위해 아르헨티나로 떠난 그는 그곳에서 신발 한 켤레 마련할 돈이 없어 맨발로 다니다가 병에 걸린 아이들을 만난다. 이들을 도울 방법이 없을까 고민하던 블레이크는 소박하고 편안한 아르헨티나의 민속신 알파르가타(Alpargata)를 보고 아이디어를 떠올리게 된다. 알파르가타처럼 편한 신발을 만들어 소비자가 한 켤레를 사면, 한 켤레가 신발 없는 아이들에게 돌아가는 신발 회사를 세우기로 결심한 것이다. 'One for One'을 실천하는 '내일을 위한 신발(Shoes for Tomorrow)'을 만들겠다는 이념을 담아 회사의 이름을 'Toms Shoes'로 정한 뒤 블레이크는 명함에 자신의 직책을 '신발 주는 사람(Chief Shoe Giver)'이라고 새겼다.[37]

심플하면서도 착용감이 좋고, 빈국의 아이들을 지속적으로 도와줄 수 있다는 메시지에 공감하여 스칼렛 요한슨, 줄리아 로버츠, 앤 해서웨이, 데미 무어, 류승범, 공효진, 소녀시대 등 연예인을 비롯한 많은 사람들이 탐스 슈즈의 매력에 빠져들었다. 200켤레로 시작한 탐스 슈즈는 1년 만에 1만 켤레가 팔렸고, 마침내 2010년 9월, 100만 켤레를 돌파하게 되었다. 이는 곧 가난한 아이들 백만 명이 새 신을 신게 되었다는 것을 의미한다.

탐스 슈즈의 설립자 블레이크 마이코스키는 LA의 마리나 델 레이 항구에 세워둔 요트에서 덜 갖고, 덜 쓰며 살고 있다. 소유하면 할수록 욕심이 커지는 것 같아 적게 소유하고 많이 생각하기 위해 이런 결정을 내렸다고 한다. 집과 가구, 미술품마저 모두 정리하고 옷장도 없이 살며, 일 년에 200일 이상을 강의 요청을 받아 전 세계를 돌아다닌다. 아무리 바쁘고 피곤해도 블레이크가 잊지 않는 것은 바로 일기 쓰기다. 열다섯 살부터 지금까지 쓴 일기장만 50권이 넘는다. 한 페이지에는 오늘 할 일을 적고, 다른 페이지에는 마음 속 이야기를 적으며 생각을 정리하고 자신과 대화하는 시간을 갖는다고 한다.

 **블레이크와 탐스 슈즈 스토리텔링**

1. 일기 쓰기

일기는 기록과 회고, 설계의 기능을 모두 갖는다. 과거의 기억이나 오늘 일어난 일, 앞으로 해야 할 일들을 생각하며, 나 자신과 이야기를 지속하게 만든다.

의외로 자신과 커뮤니케이션이 잘 안 되는 사람들이 많다. 자신감이 부족하거나 스스로 무엇을 원하는지 잘 모르는 사람, 어떤 일을 해야 할지 막막한 사람들의 대부분은 자신과 마음의 대화를 나누는 것에 서툴다. 일기를 통해 나 자신에게 이야기하는 훈련을 익힌다면, 그 누구와도 쉽게 소통할 수 있다.

2. 움직이는 신발이 만들어 내는 움직이는 스토리텔링

신발은 땅과 직접 닿으며 우리를 험한 길, 순탄한 길, 젖은 길, 굽은 길로 인도한다. 움직이는 신발이 만들어 내는 움직이는 스토리텔링은 남미나 아프리카의 오지까지 신발을 보내도록 사람들의 마음을 움직인다. 탐스 슈즈의 고객은 한 켤레의 신발을 사면서, 가난한 나라에서 자신과 똑같은 신발을 신고 꿈을 향해 달리는 아이들을 떠올린다.

3. 고객과의 일치감 : 탐스 피플

탐스 슈즈의 고객들은 단순한 소비자가 아니라 블레이크 마이코스키의 철학에 동의하고, 일치감을 느끼고 싶어 한다. 한국 탐스 슈즈는 신발에 얽힌 고객들의 사연 중 가장 감동적인 사연을 선정하고, 그 고객에게 '탐스 피플'이라는 타이틀을 부여하여 소속감을 고취시킨다.

천성급 호텔, 에보 모랄레스 대통령

'볼리비아의 체 게바라'라고 불리는 에보 모랄레스 대통령. 1959년 10월 26일, 가난을 유산으로 물려받은 원주민 아이마라 족의 후손으로 태어난 그는 6살 때 아르헨티나로 건너가 사탕수수밭에서 일을 했으며, 청소년기에는 염소치기, 농장 일꾼, 공장 근로자 등 갖가지 궂은일을 하며 떠돌아다녔다. 이때 근로자의 열악한 환경과 저임금을 경험하며 농민과 노동자의 권익 증진에 관심을 갖게 된다. 20대에 이미 농민 대표로 선출된 그는 이후 정계에 뛰어들어 사회주의 운동당의 당수 자리에 오른다. 2002년 대통령 선거에서 낙선한 모랄레스는 2005년 53.7% 지지를 받아 대통령에 당선되었고, 2009년 63%의 지지로 재선에 성공하였다. 재선에 성공한 에보 모랄레스 대통령은 2010년 한국을 방문했을 때, 한세대학교에서 사회 복지학 명예 박사 학위를 수여받던 자리에서 다음과 같은 이야기를 했다.

"저는 지금 한국에서 5성급 호텔에 머물며 국빈 대접을 받고 있습니다. 제일 좋은 호텔이죠. 그런데 저는 어렸을 때 더 좋은 호텔에서 잤습니다. 주로 천성급 호텔이었습니다. 하늘에서 별이 쏟아지고 풀밭에선 벌레 소리가 들리는 아주 멋진 곳 말입니다."

양을 치며 유목 생활을 하던 유년기, 집도 절도 없이 떠돌아다니며 주로 노숙을 하던 시절이었다. 그러나 에보 모랄레스 대통령은 자신의 가난과 고통을 로맨틱하게 풀어 내고 있었다. 재선에 당선된 뒤 자신의 월급을 반으로 깎고, 수수한 평상복 차림에 말하기를 좋아하는 에보 모랄레스. 그는 오늘도 가난하고 힘없는 자의 편에 선 로맨티스트 원주민의 이야기를 온몸으로 전하고 있다.

스토리 가치가 높은 역사 속 인물 정조

수원 화성을 건축하고, 민초들을 위하며, 신분에 상관없이 유능한 인재를 고루 등용하려고 했던 개혁의 군주 정조 대왕(1752~1800). 그러나 그가 살아온 48년의 생은 그야말로 영욕의 세월이었다. 어린 시절 뒤주에 갇혀 숨이 끊어져가는 아버지 앞에서 무기력할 수밖에 없었던 정조는 평생 아버지를 죽인 원수들과 얼굴을 맞대며 살아야 했다. 이런 가슴에 맺힌 한을 안고 사는 것도 모자라 멈추지 않는 살해 위협으로 인해 밤마다 악몽에 시달렸다. 결국 큰 아버지의 양자로 입적되어 왕의 자리에 오르게 되지만, 오랜 세월 그는 친아버지의 죽음에 대해 침묵을 지켜야만 했다.

역사적 인물인 정조는 주인공 캐릭터에 적합한 조건을 갖추고 있다. '왕'의 자리라는 목적을 향해 가는 길에 외척, 고모, 고모의 양자, 할머니, 반대파 신하들이 모두 그를 위협하며, 그의 목숨까지 노리는 시련을 겪게 된다. 이러한 그의 조력자는 어머니, 연인, 그를 따르는 신하들이다. 할아버지 영조는 때로는 조력자로, 때로는 시험자로 그를 긴장하게 만드는 존재이다. 고독과 분노, 콤플렉스를 안은 채 정조 이산은 자신의 이상향을 향해 싸우고, 다치고, 아파하며 전진한다.

불우한 가족사, 반대 세력, 위협, 과업, 죽음과 관련된 미스터리, 성공이 적절히 어우러진 정조의 생애는 강한 흡인력으로 사람들을 끌어당긴다. 이처럼 스토리 밸류가 높은 캐릭터인 정조는 200년이 지난 지금에도 여전히 소설과 만화, 드라마, 연극, 영화, 뮤지컬의 주인공으로 활약하며 우리 안에 살아 숨쉬고 있다. 이야기 책인 ≪노빈손 정조대왕의 암살을 막아라≫로 정조는 아이들에게 친숙한 존재이며, 드라마 〈이산〉은 온 가족을 텔레비전 앞에 모으기도 하였다. 뮤지컬 〈화성에서 꿈꾸다〉에서는 실학의 이상을 실현하고, 효심이 깊으며, 사랑 앞에 고뇌하는 군주이자 아들이고, 한 남자인 정조의 모습이 호소력 짙은 노래로 꾸며진다. 정조와 관련된 비밀을 파헤치는 〈정조 암살 미스터리 8일〉이나 〈성균관 스캔들〉, 〈조선 명탐정, 각시투구꽃의 비밀〉과 같은 드라마와 영화는 정조의 생애와 이념, 그가 살았던 시대에 대한 관심과 호기심을 불러일으키며 자연스레 우리를 그가 살던 세계로 이끈다.

Point

21세기는 제품이나 기업보다는 개인을 브랜드화하고, 리더를 브랜드화하는 시기이다. 영웅이 없는 시대에 살면서 사람들은 기업가나 운동선수, 연예인, 정치인을 동경하고 모방한다. 영웅과 신화가 없기 때문에 신화를 만들어 내며 결핍을 채워줄 것 같아 보이는 개인의 뒤를 쫓게 되는 것이다. 리더나 스타의 사소한 언행은 갖가지 상징적인 의미를 갖고 있기 때문에 무엇보다 진정성을 담은 진솔하고 울림이 있는 이야기가 요구된다.

자신이 좋아하거나 관심을 갖고 있는 리더는 누구인지 생각해 보자.

01. 리더의 패션, 헤어스타일, 말투 등에 대해 조사해 본다.

02. 리더의 철학과 비전, 이념은 무엇인가?

03. 리더는 어떤 이야기를 지니고 있는가?

03
'나'를 스토리텔링하다

스토리를 담은 스펙으로 승부하라

인터넷을 통해 빠르게 전파되는 유행에 따라 비슷한 패션과 헤어스타일, 장신구로 장식한 사람들이 거리에 넘쳐나고, 인스턴트화된 기호에 맞춘 영화와 음악이 반짝 나타났다 금세 사라지는 시대, 개수에 상관없이 복제가 가능한 사진과 텍스트가 넘치는 디지털 세상에 살고 있지만, 점점 '나'에 대한 이야기가 중요해지는 것은 무슨 까닭일까? 각 기업이나 기관, 단체들은 독창적이고 유능한 인재를 찾아다니며, 각 대학들은 입학사정관이다 뭐다 해서 남다른 경험과 스토리를 지닌 학생을 선발하기 위해 고심한다.

몇 년 전까지만 취업을 앞둔 대학생들은 스펙을 쌓는 것이 필수였다. 'specification'의 줄임말인 '스펙'은 출신 학교, 학점, 토익 점수, 자격증, 해외 연수, 인턴, 봉사 활동 등 대학 시절에 확보할 수 있는 물리적 조건의 총합을 의미한다. 스펙을 제대로 쌓기 위해 휴학을 하거나 졸업을 유예하기도 하고, 대학원에 진학하거나 유학을 다녀올 정도로 시간과 돈, 노력을 투자하고 있다. 그러나 근래에는 스펙보다는 스토리가 더 각광을 받으면서 오히려 스펙을 위한 휴학이나 졸업 유예에 대한 부정적인 평가가 내려지고 있다.[38] 스펙보다는 자신만의 이야기가 더 중요하고, 따라서 이력서보다는 자기소개서에 더 비중을 두는 것이다.

그러나 따지고 보면 스토리와 스펙은 적대적인 관계가 아니다. 스펙을 무시한 스토리를 만들어야 하는 것은 더더욱 아니다. 스펙만을 위한 스펙이 아니라 흐름이 있고, 지향이 있고, 이야기를 담은 스펙이 필요하다. 따라서 '스토리가 있는 스펙'을 지닌 사람만이 시대적 요구에 응답하는 인재가 될 수 있다.

몇 달 전, 졸업을 앞둔 제자가 연구실의 문을 두드렸다.

"교수님, 제가 ○○ 신문사에 사진기자로 지원했는데, 최종 심사까지 올라갔습니다. 그런데 회사에서 그동안 제가 찍은 사진을 포트폴리오로 만들어 제출하라고 합니다. 어떻게 하면 좋을지 여쭤보려고 왔습니다."

"그래? 축하해. 그런데, 아이디어는?"

"촛불 시위, 월드컵 경기, 선거 기간 중에 아르바이트를 하면서 찍은 사진들이 있습니다. 그리고 풍경 사진이 좀 있어서 그것들을 모아 제출해 볼까 합니다."

"기자는 현장을 다니니까 아무래도 풍경보다는 사람이 중요하지 않을까? 풍경사진은 빼고, 사람이 들어간 사진들을 기승전결 구조로 꾸며 보는 것은 어떨까? 흐름이 있게 말이야."

박 군은 자신이 사진 기자가 되고 싶어 사건 현장에 카메라를 들고 돌아다녔던 스토리를 포트폴리오에 담아 냈다. 결과는 물론 합격이었다.

마음에서 우러난 것이 아니라 단순히 스펙을 쌓기 위한 봉사, 미래의 꿈을 이루는 데 있어서 아무런 관련이 없는 숫자에 불과한 외국어 점수, 용돈을 마련하기 위한 호프집 아르바이트 등 시간을 허비하며 젊은 날을 보낸다면 훗날 후회만 남게 된다. 황금보다 귀한 젊은 날, 나의 원대한 꿈을 나만의 이야기로 적어 나가야 한다.

여기 희망에 차 빛나는 모습으로 대학교에 첫발을 내디딘 두 젊은 이가 있다. 8년 뒤 이들의 모습은 어떻게 달라질까?

방송 PD를 꿈꾸었던 김 군은 1, 2학년 때 영상 동아리의 일원이었고, 2학년을 마치고 해병대에 지원했다. 훨씬 늠름해지고 씩씩해져서 돌아온 그는 복학한 뒤 학교 방송국에서 활발한 활동을 벌였으며,

후배들과 다큐멘터리를 찍어 공모전에 입상하기도 하였다. 틈틈이 교내 동영상 강의의 촬영과 편집 아르바이트를 하고 3학년 겨울 방학 때는 지도 교수의 추천으로 지역 케이블 방송국에서 4주 동안 인턴 생활을 경험하였다. 그 경험은 그가 가야할 길을 더욱 확고하게 정하는 계기가 되었다. 김 군은 군 휴학을 제외하고는 휴학을 한 적도 없으며, 모든 스펙을 학교에서 쌓았다.

영화감독을 꿈꾸었던 이 군은 영상 동아리 활동을 하다가 그만 두고 군대에 다녀온 뒤 영화를 찍기 위해 휴학을 하고 아르바이트를 하며 돈을 모았다. 그러나 생각처럼 쉽게 돈이 모아지지 않았고, 경험이 부족하여 영화를 찍는 일도 만만치 않았다. 군대 2년, 아르바이트 1년을 합쳐 3년 만에 복학한 이군은 학교생활에 적응하기가 쉽지 않았다. 수업을 따라가기도 힘들었고, 나이 때문에 동아리나 기관에서 활동하기도 껄끄러웠다. 영어 수업을 도저히 따라갈 수가 없어 결국 영어 공부를 위해 한 학기 더 휴학을 하게 되었다. 휴학 기간 동안 밤에는 시간당 편의점의 두 배를 주는 야간 업소에서 아르바이트를 하고, 낮에는 영어 학원에 다녔지만 밤 근무로 피로에 지쳐 영어 수업에 집중하기가 힘들었다. 겨우 토익 700점 이상을 받을 수 있었던 이군은 다시 복학하여 학교에 다니면서 방학 기간을 이용해 2주 동안 신문사에서 인턴 경험을 쌓았다. 그러나 자신이 하고자 하는 일이 아니었기 때문에 별 재미를 느끼지는 못하였다.

스물 아홉 살, 두 청년의 삶은 완전히 달라져 있다.

김 군은 4학년 2학기 때 L케이블 방송국의 정식 PD로 입사하여 올해로 경력 5년차를 맞고 있다. 최근에는 경쟁사의 스카우트 제의를 받아 회사를 옮겨야 할지 고민 중이다.

이 군은 4학년 때 졸업 학점이 모자라 두 과목을 들으면서 취업 준비를 했지만 영화사에 취직하기가 어려웠다. 이력서와 자기소개서를 보냈지만, 번번이 낙방이었다. 영화사에서 일하는 선배도 있다고 들었는데, 학교를 제대로 안 다니다 보니 제대로 인간관계를 맺지도 못했다. 겨우 친구의 추천으로 방송사 FD 자리를 구하게 되었지만, 일이 너무 고되고 힘이 들었다. FD로 일하면서 케이블 방송에도 이력서를 냈는데, 매번 퇴짜만 맞는다. 스물아홉, 이 군은 지금 근무 시간도 일정하지 않고 한 달에 130만 원을 버는 비정규직 조연출이다.

김 군과 이 군의 가장 큰 차이는 '지향이 있는 스토리'라는 사실을 알 수 있다. 지향은 이야기의 목적으로 '왜?'에 해당한다. 김 군은 항상 '왜 이 아르바이트를 하는가?', '왜 이 동아리 활동을 하는가?'를 생각하면서 자신의 꿈을 향한 이야기를 만들었다. 카메라를 들고 교내 구석구석을 촬영하며 뉴스를 만드는 그의 어제는 오늘을 위한 이야기의 밑거름이 되었다. 외국어를 잘하지 못해도, 한자를 잘 몰라도 상관없었다.

반면 이군은 '왜?'라는 질문에 대해 자신있게 대답할 수 없다. 영화 감독이라는 목적을 위해 그는 과연 어떠한 이야기를 만들어왔는가? 굳이 스펙을 만들기 위해 시간을 투자할 필요는 없다. 자신이 좋아하고 원하는 일을 하기 위해 필요한 이야기를 만들어 간다면 그것이 곧 스펙이 되기 때문이다. 아르바이트도 단순히 용돈을 벌기 위해서가 아니라 자신의 목표를 향해 전진하는 데 도움이 되는 분야에서 해야 한다. 방송 연예과 전공자라면 엑스트라 아르바이트를 하는 것이 타당하지만, 정치학 전공자가 이런 아르바이트를 한다면 이야기의 전개상 어울리지 않는다. 정치학 전공자에게는 정치인 홈페이지 관리나 선거 감시 아르바이트가 훨씬 적합하다. 자신이 지금 하고 있는 일이 '지향을 지닌 스토리'인지, '스토리를 지닌 스펙'인지를 다시 한 번 자문해 보아야 한다.

'나'를 스토리텔링하는 자기소개서

우리나라도 이제는 평생직장의 개념이 점점 사라져 가고 있다. 따라서 이력서와 자기소개서는 청년 구직자들에게만 해당하는 것은 아니다. 채용관이나 면접관에게 가장 중요한 것은 이력서와 자기소개서이다. 그러나 자기소개서를 보면 여전히 어디에서 누구의 자식으로 태어나 어떤 공부를 하였고, 장점과 단점이 무엇인지를 나열하는 식이 대부분이다.

자기소개서는 자신의 삶에 영향을 미친 경험을 중심으로 자신이 어떻게 성장해 왔고, 어떻게 변화되었으며, 왜 반드시 이곳이 새로운 삶의 터전이 되어야 하는지 구체적이고, 재미있으며, 감동적으로 써야 한다. 특히 자신의 이야기와 자신의 가치관을 쓰는 것이 중요한데, 이 부분을 인용이나 타인의 경험으로 가득 채워 정작 자신의 이야기를 빼먹는 경우가 적지 않다.

S 신문사의 기자직에 응시한 정 군의 **자기소개서**

"데일 카네기는 책임을 지고 일을 하는 사람은 어디서나 두각을 나타내며, 책임을 다하면 반드시 성공한다고 하였습니다. 저는 책임감이 강합니다. 책임감은 누구에게나 요구되는 덕목이기는 하지만 기자의 경우 특히 강한 책임감이 필요한데, 이는 기자의 사회적 책임 때문입니다. 환경을 감시하고 진실을 파헤치는 일은 그 누구도 대신해 줄 수 없으며, 취재한 기사를 마감 시간에 맞춰 써내지 못한다면 아무리 훌륭한 기사 거리가 있다고 하더라도 의미가 없습니다. 제가 기자직을 수행하게 된다면 무엇보다 저의 강한 책임감이 그 가치를 발휘할 수 있을 것이라고 생각합니다."

정 군은 기자직이 책임감이 요구되는 직업이며, 자신이 바로 그런 사람이라는 내용을 쓰고 싶었다. 그러나 정 군의 그런 절실한 바람이 느껴지지 않기 때문에 이 자기소개서는 설득력이 없다. 여기에는 정 군 자신의 이야기가 빠져 있으며, 회사와 지원자 간의 연결고리가 무엇인지에 대해 고민한 흔적도 없다. 읽히는 자기소개서를 쓰고 싶다면, 책임을 다하지 못하여 곤란했던 경험이나 반대로 책임을 완수하여 느꼈던 뿌듯함에 대하여 구체적으로 써야 한다. 그런 다음, 회사의 홈페이지를 찾아보고 관련 검색어를 검토하여 자신이 언급할 만한 내용이 있는지, 회사와 자신을 연결해 줄 실마리는 무엇인지 찾아내야 한다. S 신문사가 얼마 전 실었던 사과의 글이나 오보, 사회 공헌 활동 등을 조사해 보는 것도 좋고, 신문사와 연관된 어린 시절의 기억이나 부모님과의 추억을 되짚어 보는 것도 의미가 있을 것이다.

내 삶의 주인공은 바로 '나' 자신이다. 여러 가지 이야기를 장황하게 늘어놓지 말고, 한 가지라도 구체적이고 특이한 '나'의 이야기를 쓸 수 있어야 한다. 그 이야기의 주인공은 어떤 인물인가? 따분하고 지루한 사람이어야 할 것인지 아니면 도전적이고 모험적이며 재미있는 사람이어야 할 것인지에 대한 해답은 너무나 명백하다.

나만의 스토리로 성공한 사람들

내 머릿속 지구본

다른 사람과 나를 차별화시키는 '나만의 스토리'가 가장 좋은 스펙이라고 말하는 정태원 씨. 그는 구글의 광고 전략을 담당하고 있다. 그의 스토리에는 남다른 데가 있다. 넉넉하지 못한 가정에서 자란 정 씨는 고3 때, 대학 입시의 실패까지 맛보며 심한 좌절에 빠졌다. 그러나 결국 이겨내고 고려대학교 사회학과에 진학하였다. 집안이 어려워 해외 연수는 꿈도 꿀 수 없었지만, 평소 상상하는 것을 좋아하던 그는 머릿속에 지구본을 담고 전 세계를 돌아다녔다. 인터넷 즐겨찾기 목록에 하버드와 예일 같은 유명한 대학들을 저장하여 안방처럼 드나들었고, 유튜브에서 전 세계인들과 교류하였다.[39]

다양한 가치관과 문화적 차이를 경험하면서 정 씨는 한국에 살고 있지만 마음은 점점 전 지구적인 생각을 하는 '글로벌' 인재로 성장해 갔다. 마침내 그는 꿈에도 그리던 구글의 당당한 일원이 될 수 있었다.

Point

스토리는 모든 것을 포용하는 능력을 지녔다. 목표를 가지고 꿈을 향하여 나아갈 때 그 사람의 인생은 한 편의 드라마가 된다. 우리의 삶이 어찌 평탄하기만 하랴. 때로는 진흙탕과 가시밭길을 가야 하고, 그 길에서 장애물이나 훼방꾼, 뜻하지 않은 사건이나 사고로 갈등을 빚겠지만, 포기하지 않고 목표를 향해 걸어가는 그 모습은 많은 이들에게 감동을 안겨 준다. 1등이 아니라도, 실패와 좌절을 경험했더라도, 진실이 묻어 있는 이야기는 나만의 향기가 얼마나 아름답고 귀한 것인지를 전해줄 것이다.

책임감에 관한 자신의 경험을 떠올려 보고, 이것을 이야기로 풀어 자기소개서

형식으로 적어 보자.

셀레브리티 스토리텔링

04

> 별아
> 만일 내가
> 인정 많은 연인이라면
> 너는 올해 우리와 함께 걷게 되겠지.
> 우리는 차가운 먼 거리를 바라보지, 여기
> 웅크린 채
> 너의 발 아래서
>
> – 윌리엄 버포드 '크리스마스 트리'

가족의 발견, 차인표 & 신애라 부부

입양 대기 중인 아이들을 한 명씩 소개하며 공개적으로 양부모를 찾아 주는 '가정 찾기 캠페인'. 한국 입양 홍보회와 CBS가 공동으로 제작한 이 캠페인의 영상에 내레이터로 등장한 사람은 바로 탤런트

신애라였다. 사실 아이들의 얼굴을 보여 준다는 점에서 반감을 살 수도 있는 일이었지만, 보호 시설에서 입양을 기다리는 1만 7,000명의 아이들을 생각한다면, 무엇이 우선인지 따질 필요조차 없었을 것이다. 2005년 둘째 예은이, 2008년 예진이를 공개 입양해 키우고 있는 그녀에게 입양 홍보는 무척 절실한 일이었음에 틀림없다. 혈연을 중시 여겨 많은 아이들이 해외에 입양되는 현실을 생각할 때 차인표, 신애라 부부의 국내 입양 실천은 매우 애국적인 행동이라고 할 수 있다. 더욱이 이들 부부는 컴패션을 통해 전 세계 51명의 아이들을 후원하고 있다. 내가 낳은 자식뿐만 아니라 키운 자식, 후원하는 자식까지 모두 가족이라고 보는 이들 부부는 큰 테두리 안에서 가족의 의미를 재해석한다. 더욱이 컴패션은 국제적인 아동 구호 단체로, 그 뿌리를 한국에 두고 있는 토종 기구이기 때문에 애국적 지향과 일맥상통한다. 이처럼 이들 부부의 활동에는 늘 가족애와 애국심이 따라다닌다.

차인표 씨는 드라마 주인공으로 출연하여 인기가 절정이던 1994년 돌연 미국 영주권을 포기하고 군에 입대한 것으로 유명하다. 대한민국 국민으로 책임감이 강한 모습을 보여 줬던 것이다. 뿐만 아니라 영화 '007 어나더데이'의 비중 있는 역에 캐스팅되었지만 한반도를 할리우드의 오락장으로 만드는 내용이라는 이유로 거절하기도 하였다. 이처럼 차인표, 신애라 부부는 공개 입양이라는 사회적 화두를 몸소 실천하면서 따뜻한 가족이자 사회적 책임을 다하는 연예인 부부로 입지를 굳히고 있다. 도움이 필요한 곳이라면 아프리카라도 달려가며, 자녀 교육에 최선을 다하는 부모의 모습을 보여 주는 이들 부부는 자신들의 이미지에 맞지 않는 역할은 단호히 거부한다. 이것이 바로 스토리의 일관성이고, 많은 이들의 신뢰를 얻은 중요한 이유이다.

동화 속 주인공, 션 & 정혜영 부부

하루에 1만 원씩 1년을 모은 365만원을 결혼 기념일에 '밥퍼 나눔 운동'에 기부하며 그날 하루 밥을 나누는 봉사 활동을 하는 션과 정혜영 부부의 이 이야기는 널리 알려져 있다. 션으로 알려진 가수 노승환 씨는 이 시대의 진정한 스토리텔러라고 할 만하다. 끊임없는 아이디어와 이벤트로 가족과 주위를 밝게 만들기 때문이다. 사람은 누구나 스토리텔러이지만, 그 재능을 어떻게 활용하느냐에 따라 이야기꾼으로서의 면모가 달라진다. 아무리 재미있는 이야기라도 누군가에게 들려주지 않는 혼자만의 메아리라면, 그것은 자신과의 대화 이외의 의미를 갖지 못한다. 진정한 이야기는 나누고 상호 반응하면서 변화를 이끌어 내는 것이다.

션 & 정혜영 부부의 스토리가 대중의 사랑을 받는 이유는 무엇일까?
● 지향이 있다

션 & 정혜영의 스토리는 일관된 지향성을 보이는데, 그것은 바로 신에 대한 믿음과 사랑이다. 이들 부부에게 신은 멀리 있지 않으며, 옆에서 목소리를 들려주고, 가야 할 길을 제시하는 존재로 인식된다. 세 자녀의 이름도 이러한 신념에 따라 하음(하나님의 마음), 하랑(하나님의 사랑), 하율(하나님의 율법), 하엘(한 분 되신 하나님)로 지었다.

● 믿음을 실천한다

이들의 신앙은 단지 믿는 데서 그치는 것이 아니라 믿음을 실천하는 데 있으며, 그 실천은 자발적이다. 큰딸 하음이가 첫 돌을 맞이한 날, 션&정혜영은 아이를 돌보는 사람을 두지 않고 부부가 직접 돌본 비용과 파티를 생략한 비용을 합친 2,000만 원을 기부하였다. 이날 돌잔치를 하는 대신 서울대학교 어린이 병원에서 두 명의 아이가 심장병 수술을, 한 명의 아이가 인공 와우 수술을 받을 수 있었다.[40] 또 자신들의 일상을 담은 책, ≪오늘 더 사랑해≫의 인세 1억 원으로 '정혜영 장학재단'을 설립하여 저소득층 어린이들을 지원하고 있으며, 두 달에 한 커플을 선정하여 작은 채플에서 결혼식을 치러 주는 행사도 진행한다. 공허한 메아리가 아니라 실천으로 꽉찬 스토리는 많은 이들을 감동시키면서 참여를 이끌어 내고 있다.

● 반복되는 일상이 늘 새롭다

늘 똑같은 일상이지만, 새로운 각도에서 바라보며 다시 올 수 없는 날이라고 생각하면, 더 없이 소중하게 느껴진다. 수박 속에서 발견한 하트를 보며 하나님의 사랑을 확인하고, 임신 테스트지를 든 채 수줍은 표정을 짓는 혜영, 스파이더맨 옷을 입고 있는 하랑이, 초콜릿 근육을 만들기 위해 열심히 운동하는 션, 우산을 들고 노는 아이들의 모습, 눈 위에서 뒹구는 아이들……. 소박하지만 소중한 일상을 미니홈피에 담거나 트위터에 올리고, 책에 실어 세상에 내보낸다.

션 싸이월드 미니홈피의 누적 방문자 수는 1,570만 명, 트위터 팔로워 수는 7만 명이 넘으며, 션과 정혜영의 저서인 ≪오늘 더 사랑해≫는 10만부 이상이 팔렸다.

● 신념을 확산시킨다

션&정혜영의 사회적 영향력은 무엇보다도 자신들의 신념을 확산시키는 데 있다. 하루에 1만 원씩 1년을 모아 365만 원을 기부하는 이들의 이야기를 따라 하루에 1,000원씩 36만 5,000원의 기부가 이어지고 있으며, 19살짜리 소녀가 자신의 첫 월급 100만 원을 루게릭병 요양소 건립에 써 달라며 기부하기도 한다. 사랑의 실천이라는 주제를 담은 이야기는 또 다른 이야기를 낳으면서, 꼬리에 꼬리를 물고 퍼져 나간다.

김연아의 7분 드라마

러시아 모스크바에 울려 퍼진 우리 민요 '아리랑'.

'오마주 투 코리아(Hommage to Korea, 대한민국에 바치는 찬사)'라는 제목으로 세상 사람들에게 한국인의 정서를 알리는 동시에 우리에게는 가슴 벅찬 감동을 안겨 준 이 음악은 2011 세계 피겨 선수권 대회 프리스케이팅 부문의 연기를 위해 김연아가 고른 것이다. 우리에게는 익숙하지만, 심사위원들에게는 낯선 한국 민요로 세계 무대에 도전장을 낸 김연아의 선곡에 대해 언론은 'P 세대(애국심을 뜻하는 영어 patriot의 약칭)의 유전자'를 봤다며 찬사를 보냈다.[41] 어떻게 해서 스포츠 선수가 대한민국을 대표하는 애국자가 되고, 그의 모든 선택이 애국심의 발로로 보이는 것일까?

많은 사람들이 스포츠를 기술이라고 생각하지만, 그 기원을 따져보면, 스포츠란 경쟁을 통해 승자를 가려내고 모두가 환호하는 축제의 일부이다. 따라서 스포츠에는 무대에 서는 선수와 관람석에 앉아 있는 관중, 그리고 관중으로부터 감동을 이끌어 내고 환호성을 자아내는 '이야기'가 필요하다. 라이벌과 싸우고 자신의 한계를 극복하고자 끊임없이 노력하는 선수의 진실한 삶의 모습은 한 편의 절절한 드라마가 된다.

기술만 앞세운다면 뛰어난 기량과 실수하지 않는 완벽한 모습에 갈채를 보내겠지만, 반복되는 연습에도 불구하고 몸 상태나 기분, 경기장 분위기 등 여러 변수에 따라 경기의 결과가 달라지기 때문에 사람들은 이처럼 예측하기 힘들고 변화무쌍한 스포츠에 열광한다.

이러한 기호에 가장 충실한 것 중의 하나가 바로 피겨 스케이팅이다. 그 매력을 미처 발견하지 못하였던 사람들은 대한민국 성공 신화와 닮아 있는, 불가능에서 가능을 이끌어 내고 세계 최정상에 오른 피겨 퀸 김연아의 성장을 지켜보면서 서서히 그녀와 피겨 스케이팅에 중독되어 갔다.

한밤중에 묘지에서 벌어지는 유령들의 무도회를 그린 '죽음의 무도'. 검은 색 코스튬을 입은 김연아는 매섭고 강렬한 눈빛으로 사람들을 사로잡았다. 죽음을 피하기 위해 매일 밤 새로운 이야기를 만들어 내는 아라비아의 왕비 '세헤라자데'에서는 붉은색 코스튬으로 고혹적인 모습을 선보였다. 김연아의 7분 드라마는 곧 온 국민의 드라마가 되어 그녀가 연기를 위해 선택한 클래식 음악을 듣고, 그녀가 등장하는 광고 제품을 구매하기에 이르렀다.

2010년 한국인이 가장 좋아한 광고 모델로 선정된 김연아. 그녀가 완성하는 피겨 스케이팅은 대한민국 국민의 자존심을 건 한 편의 드라마였으며, '애국심'을 다루는 거대한 스토리텔링이기도 하였다.

김연아의 행보를 보면 그녀가 '국가주의'라는 주제를 일관성 있게 끌고 나간다는 것을 알 수 있다. '대한민국 1등을 넘어'라는 국민은행의 캠페인이나 '세계는 우리 안에 있습니다'라는 현대자동차의 메시지에서는 대한민국의 잠재력을 강조하는 국가주의적 색채가 짙게 느껴진다.[42]

금메달을 놓고 치열하게 싸우는 김연아와 아사다 마오와의 경쟁을 국민들은 '한국'과 '일본'의 자존심 대결로 보았다. 그 결과 김연아에 대해 조금이라도 부정적인 발언을 하는 김연아의 안티팬들은 곧 '친일파'와 동일어가 되어 버렸다. 김연아 선수와 오서 코치 사이의 갈등 역시 과도한 '국가주의'의 테두리 안에서 해석되었는데, 국민들은 선수와 코치 간의 문제라기보다는 한국인과 외국인 사이의 문제라고 보았고, 따라서 김연아가 자신의 미니홈피에 이와 관련한 글을 올렸을 때 국가주의적인 댓글 수천 개가 달렸다.

"당신은 대한민국의 희망이자 자랑입니다.", "대한민국은 당신을 믿습니다.", "언니의 말을 의심하는 사람은 없어요. 대한민국이니까요." 와 같은 댓글들은 "김연아=대한민국"이라는 공식을 강화하였다.

김연아는 대학 진학에 있어서도 민족성이 강한 이미지를 지닌 '고려대학교'를 선택하였고, 한인 타운이 형성되어 있어 한국인들이 심리적으로 몹시 가깝게 느끼는 LA를 연습 장소로 선택하였으며, 명예 시민증을 수여받았다.

미국의 시사 주간지 타임의 2010년 세계에서 가장 영향력 있는 100인에 선정되었고, 유니세프 국제 친선 대사이며, LA에서 '자랑스런 한국인상'을 수상한 김연아는 이제 스포츠 스타를 넘어 한국을 대표하는 영웅적 셀리브리티로서의 입지를 확고히 굳히고 있다.

한계를 극복한 영웅, 조막손 투수 짐 애보트

> My talks center around the idea that adversity can be used in a positive way.
> — Jim Abbott

"우리에게 닥친 역경을 우리는 긍정적으로 사용할 수 있습니다."

소니, 도시바, 푸르덴셜 등 세계 굴지의 기업에서 동기 부여 강사로 활동하고 있는 짐 애보트는 미국 메이저리그에서 10년 동안 87승 방어율 4.25의 기록을 남긴 전설적인 투수다. 야구 선수로서 최고의 영예를 누리고 은퇴한 뒤에는 유명 강사로 활동하고 있다. 그의 삶은 누가 뭐래도 성공적이고 순탄해 보인다.[43] 그러나 좀 더 자세히 그를 들여다보면, 그가 오른손이 없다는 사실을 알게 된다. 1967년 미시간 주의 사우스필드에서 태어난 짐 애보트는 태어날 때부터 오른손이 뭉쳐 있어 손가락을 사용할 수 없었지만, 야구 선수가 되겠다는 꿈을 버리지 않았다. 다른 사람들이 그의 뭉개진 오른손을 쳐다보며 동정의 눈길을 보낼 때, 그는 정상적인 왼손을 사용하여 시속 145km의 강속구를 던졌다. 1988년 서울 올림픽에서 야구가 시범종목으로 채택되었을 때 짐은 국가대표 선수로 선발되어 미국에 금메달을 안겼으며, 대학 졸업 후 캘리포니아 에인절스에 입단하여 메이저리그 선수로 뛰었다.

사람은 누구나 약점을 지니고 있으며, 대부분 이러한 약점을 남에게 드러내기를 싫어한다. 부족한 면이나 단점은 결국 열등감을 주는 요소로 작용하게 된다. 그러나 짐 애보트는 달랐다. 그의 이야기는 긍정적인 부분에 초점이 맞춰져 있다. 그의 가장 큰 약점은 바로 그의 장애, 오그라들어 펴지지 않은 오른손이었지만 자신의 이야기를 왼손으로 썼다. 좌절과 열등감을 안겨 주는 오른손 대신 정상적인 왼손으로 연습하고 또 연습하고, 던지고 또 던진 결과 그는 최고의 투수가 될 수 있었다.

애보트가 처음부터 장애를 지닌 오른손을 강조했더라면 어떻게 되었을까? 그랬다면, 장애를 지닌 선수가 그 정도면 잘하는 편이라는 평가를 받으며 그저 그런 선수로 끝났을지도 모른다. 그러나 그는 오른손의 장애를 접어 둔 채, 왼손 투수로 성공하는 길을 택하였고, 마침내 그의 왼손은 더 빠르고 더 강한 강속구를 던지는 병기로서 진가를 발휘하게 되었다.

대중의 인기를 먹고 사는 스타들은 이제 은밀한 사생활마저 콘텐츠로 내놓아야 하는 시대에 살고 있다. 가창력, 연기력, 운동 실력과 같은 자신의 전문 분야뿐만 아니라 성형이나 피부 관리, 몸매, 가족, 연애, 이별, 결혼, 출산, 이혼에 이르기까지 일거수일투족이 다양한 매체에 실리며 대중의 주목을 받는다. 수상 소감 한마디를 잘못해 건방지다는 질타를 받는가하면, 호스피스 활동이나 자선 공연, 기부 행위 등을 펼쳐 살아 있는 천사 대접을 받기도 한다.

최근 들어 스타가 직접 출연하여 자신과 동료에 관한 이야기를 들려주는 버라이어티 토크쇼가 인기를 끄는 것도 이와 같은 사회적 분위기와 무관하지 않다. 〈무릎팍 도사〉, 〈세바퀴〉, 〈강심장〉과 같은 프로그램들은 연예인이나 스포츠 스타의 일상을 궁금해 하는 대중들의 호기심을 충족시켜 준다.

대중의 관심을 받는 셀레브리티가 자신의 명성과 이미지를 유지하기 위해서는 연습이나 훈련을 철저하게 하는 것 못지않게 자신의 일상을 스토리텔링하는 것이 필요하다. 공개 입양을 통해 혈연을 중시하는 우리나라 사람들에게 국내 입양의 중요성을 설파하는 차인표와 신애라 부부, 기독교 신앙을 바탕으로 기부를 일상으로 삼은 션과 정혜영 부부, 작은 몸짓이 곧 '대한민국'이 되는 김연아, 장애라는 역경을 기회로 만든 짐 애보트……. 이들이 유독 돋보이는 것은 각자가 속한 분야의 전문성뿐만 아니라 가족과 이웃, 사회에 모델이 되기 위해 노력하기 때문이다. 주제가 있는 이야기 속의 주인공들이 던지는 사소한 말 한마디, 작은 눈짓마저도 대중에게는 커다란 의미가 되어 우리 사회를 변화시키는 원동력이 된다.

Training

한계를 극복한 영웅, 일관성이 있는 스타의 이야기를 찾아 캠페인용으로 구성

해 보자.

· 스타의 고난, 좌절

· 이를 극복한 과정

· 힘이 되었던 것

· 오늘날 누구에게 희망을 줄 수 있을까?

· 이야기의 주제는 무엇인가?

· 이를 캠페인 스토리보드로 구성해 보자.

"진보란 유토피아의 실현이다."

— 오스카 와일드

04

스토리텔링의
다양성과 유연성

다양한 이념과 가치를 담는다

storytelling

미야자키 하야오의 작가 정신

일본 애니메이션의 거장, 미야자키 하야오. 그는 〈미래소년 코난〉,
〈이웃집 토토로〉, 〈센과 치히로의 행방불명〉, 〈하울의 움직이는 성〉,
〈원령공주〉, 〈바람계곡의 나우시카〉, 〈천공의 성 라퓨타〉 등과 같은
많은 작품을 만들었다. 그가 만든 애니메이션이 일본 애니메이션의
한 획을 긋고, 저패니메이션의 위력을 세상에 떨치게 한 요인은 무엇
이었을까? 그것은 바로 그 안에 담긴 따뜻한 작가 정신 덕분이었다.
남성이 중심이 되는 디즈니 애니메이션과 달리 미야자키 하야오의 애
니메이션에 등장하는 대부분의 주인공은 여성이다. 여성은 몸과 마
음을 다친 이들과 파괴된 자연을 치유하며, 전쟁을 막고 평화를 추

구한다. 기꺼이 자신을 내던지며 더 큰 것을 구하는 희생과 화해, 그리고 용서는 물질로 인해 피폐해져 가고 있는 인간의 감성을 덥혀 주었던 것이다.

특히 미야자키 하야오는 자연을 여성성과 동일시하고 있어 에코페미니즘과 밀접한 관계를 지니고 있다.[44) 미야자키 하야오는 기술 문명이 파괴한 자연을 치유하고 동화하는 인물로 여성 캐릭터를 내세우는데, 이는 에코페미니즘이 지향하는 가치와 같다. 에코페미니즘에서 자연과 여성성은 조화로운 질서의 세계를 위해 함께 회복되고 치유되어야 할 상처로 보기 때문이다. 그의 작품 속에서 남성은 자연을 정복하고 파괴하는 존재로, 여성은 잉태하고, 생산하고, 양육하며 파괴된 자연을 회복시키는 존재로 그려진다. 그는 또 생명이 있는 모든 것들 뿐만 아니라 생명 없는 것에 이르기까지 영혼을 불어 넣으며 서로 아름답게 소통하는 동양적 가치관을 보여 준다.

미야자키 하야오의 대표적인 애니메이션 가운데 하나인 〈바람계곡의 나우시카〉에서 주인공 나우시카 공주는 자연과 교감할 수 있는 신비한 능력을 지닌 인물이다. 그녀는 인간의 삶을 위협하는 괴물인 오무마저도 영혼을 지닌 소중한 존재로 본다. 오무의 분노를 가라앉히고 공동체를 구하기 위해 나우시카는 자신의 몸을 던지는데, 이때 오무는 신비한 능력으로 공주를 회생시킨다.

나우시카라는 이름은 그리스 신화에 나오는 파이아케스의 왕 알키

노스의 딸 이름에서 가져왔다고 한다. 신화 속 자연을 사랑하는 나우시카의 성격이 바람 계곡의 나우시카 주인공에 그대로 투영되고 있다. 한편 이야기의 모티브는 일본의 전통적인 이야기인 〈벌레를 사랑하는 귀족의 딸〉에서 가져 왔다. 자연과 일치를 이루며, 동물과 대화를 나누는 나우시카 공주의 이야기는 동서양의 정신을 아우르며 모든 이들에게 친밀하게 다가간다.[45]

다큐멘터리의 시선

다큐멘터리는 사실에 대한 기록을 바탕으로 진실을 스토리텔링하는 텔레비전 프로그램의 한 장르이다. 한때 우리나라에서 비인기 장르였던 다큐멘터리가 '휴먼다큐'와 '감성다큐'라는 콘셉트를 도입하면서 바야흐로 다큐 전성시대를 맞이하고 있다. 뉴스가 사건만을 보도하는데 비해 다큐멘터리는 그 이면을 파헤치며, 작가의 시선을 부각시킨다.

〈아마존의 눈물〉은 9개월의 사전 조사와 250일의 제작 기간, 제작비 15억 원이 투입된 MBC의 대형 다큐멘터리다. 2009년 12월 프롤로그를 시작으로 2010년 1월 본 방송된 이후 에필로그에 이르기까지 최고 22.5%라는 텔레비전 다큐멘터리 사상 놀라운 시청률을 기록하였다. 아마존 원시 부족들의 삶의 면면을 취재했던 제작진은 텔레비전에서 공개하지 않은 영상을 영화로 만들어 극장에서 개봉하기도 하였다. 태곳적 모습을 간직한 아마존 원주민들의 강한 생명력과 더불어 문명의 손이 닿으면서 삶의 원형과 가치가 파괴되어가는 모습이 가슴 찡하게 와 닿는다. 우리와 무관하다고 생각했던 아주 먼 세상인 아마존은 이렇게 다큐멘터리를 통해 우리의 일상 속으로 들어왔고, 우리는 아마존 부족을 지구라는 공동체의 한 가족으로 여기게 되었다.

실천하는 삶의 가치를 담은 다큐멘터리 〈울지마 톤즈〉는 2010년 KBS 스페셜에서 방영되었지만 천안함 사건에 묻혀 빛을 발하지 못하였다. 주인공 이태석 신부의 이야기가 사라지는 것을 안타까워한 구수환 PD는 90분짜리 극장용 다큐 영화를 만들었다. 마침내 2010년 9월 9일 다시 개봉된 영화 〈울지마 톤즈〉는 불과 한 달 만에 관객 수가 10만을 넘으며 감동의 물결을 이어갔다. 2011년 설 연휴 기간이던 2월 4일, 텔레비전에서 다큐 영화로 다시 방영되었을 때 시청률은 무려 12.8%를 기록하였다.

가장 보잘것 없는 이에게 해 준 것이
곧 나에게 해 준 것이라는 예수님 말씀,
모든 것을 포기하고 아프리카에서
평생을 바친 슈바이처 박사,
어릴 때 집 근처 고아원에서 본
신부님과 수녀님들의 헌신적인 삶,

마지막으로 10남매를 위해 평생을 희생하신 어머니의 고귀한 삶, 이것이 내 마음을 움직인 아름다운 향기다.

– 〈울지마 톤즈〉[46] 중에서

다큐멘터리의 시선은 잔잔히 한 남자의 궤적을 쫓고 있다. 아프리카 남수단의 작은 마을. 병자들을 돌보고, 공부를 가르치고, 발전기를 만들고, 브라스 밴드를 지휘하는 한 남자. 그는 가난한 톤즈 마을 사람들을 위해 이것저것 해 주기 위해 계획을 세웠지만, 같이 있어주는 것이 가장 중요하다는 것을 깨닫고, 그들의 친구가 되기로 마음먹는다. 전쟁이라는 죽음의 공포가 휘몰아치는 순간에도, 아이들의 음악이 울려 퍼지는 순간에도 신부는 그들 곁을 지켰다. 이 다큐멘터리는 종교를 떠나 인류의 보편적 가치인 '박애'를 실현한 한 인간의 실천에 대한 경외를 담고 있다.

다큐멘터리는 사실을 창조적으로 재해석하며 때로는 사회적 담론을 펼치기도 하고, 때로는 소소한 일상을 보여 주기도 하며, 감동을 자아내기도 하고, 때로는 거대한 자연의 섭리 앞에 겸허해야 한다는 교훈을 주기도 한다. 이러한 주제를 효과적으로 전달하기 위해 다큐멘터리의 스토리텔링은 인터뷰, 내레이션, 카메라 앵글, 편집 기법 등의 다양한 방식을 활용한다. 작가의 이념과 가치관이 담긴 다큐멘터리를 보면서 사람들은 "왜?"라는 질문을 던진다. 이처럼 다큐멘터리 스토리텔링은 새로운 시각, 질문, 그리고 자기 성찰이라는 고귀한 가치를 실현하고 있다.

유토피아를 실현하는 어린 왕

오스카 와일드는 ≪행복한 왕자≫, ≪도리언 그레이의 초상≫, ≪거인의 정원≫, ≪어린 왕≫ 등으로 잘 알려진 영국의 소설가이다. 그는 세상과 인간에 대한 사유를 통해 기존 동화가 지닌 가치와 질서를 뒤집는다. 와일드는 무엇보다 사회주의를 옹호하였는데, 그는 그것이 인도주의적 개인주의로 나아가는 길이라고 믿었기 때문이었다. 먼저 그는 사유 재산을 공격하고, 사회주의 봉기를 가로막는 자선을 공격한다.[47]

그의 동화 ≪행복한 왕자≫에 등장하는 왕자는 당대 위정자들의 위선을 폭로하였지만, 결국 아무것도 변화시키지 못한 채 버려진다. 어쩌면 오스카 와일드는 이야기를 읽은 독자들이 변화하기를 바랐는지도 모르겠다. 그러나 이런 그의 시각은 '어린 왕'을 통해 변화를 일으키게 된다. 여기서 와일드는 허무주의를 몰아내고, 적극적인 실천으로 세상을 바꾸려는 염소치기 소년을 주인공으로 내세운다.

시골에서 염소를 돌보며 살던 소년은 어느 날 자신이 왕족이라는 사실을 알게 된다. 임종을 앞둔 할아버지의 유일한 손자인 염소치기 소년은 도시로 나와 탈상 뒤의 대관식을 준비해야 했다. 대관을 준비하면서 소년은 이상한 꿈을 꾸게 된다. 꿈을 통해 소년은 부유한 자들의 화려한 장식이 결국 없는 자들의 힘든 노동 위에 이루어졌음을, 전쟁 중에는 강자가 약자를 노예로 만들고 평화로운 시기에는 부자가 가난한 자를 노예로 만드는 현실을 깨닫게 된다. 결국 소년은 염소를 칠 때 입던 누더기를 걸치고 찔레나무 가지를 꺾어 머리에 쓴 채 대관식에 나타난다.

백성들이 왕의 모습을 바라는데 왜 거지꼴을 하고 있느냐는 주교의 책망에 어린 왕은 오히려 "슬픔(백성)이 지은 옷을 기쁨(왕)이 입어야 할까요?"라고 되묻는다. 어린 왕은 백성들의 피고름으로 만들어진 옷 대신 자신이 입던 추한 누더기를 왕의 옷으로 선택하여 가난하고 굶주린 이들을 위한 왕으로 우뚝 선다.

어린 왕은 자신의 실천을 통해 타협을 거부하고 사람들에게 사회가 변해야 한다는 사실을 일깨운다. '행복한 왕자'에서 이타적 사랑을 펼치면서도 결국에 희생당하고 마는 비극적인 왕자와 달리 어린 왕은 '모든 사람이 알아보고 그대로 따르기를 소망하는 행동의 본보기를 마련함으로써 유토피아로 나아가는 방법'을 보여 주고 있다. 이때 어린 왕이 '왕복과 왕관과 왕홀을 거부'하는 것은 '사유 재산과 장식과 부당한 권력에 대한 거부'를 의미한다.[48]

이처럼 오스카 와일드는 그의 작품에서 자신이 꿈꾸었던 '유토피아'의 세계를 그리고 있다. 유토피아를 실현하는 진보의 가치를 자신의 이야기에 담아 독자들에게 들려주고 있는 것이다.

Point

작가의 신념과 가치는 '이야기하기'를 통해 방방곡곡으로 퍼져 나간다. 재미있는 애니메이션이나 실감나는 다큐멘터리, 아름다운 동화 속에는 생명이 없는 존재마저도 돌보고 교감을 나누는 동양적 사고, 인종과 종교를 떠나 친구의 곁을 지키는 마음, 가난하고 힘없는 백성의 편에 서는 정치와 같은 소중한 가치가 들어 있다.

왜 스토리텔링하는가? 이 물음에 답할 수 없다면 그것은 스토리텔링이라고 할 수 없다. 스토리텔링은 목적 지향적이며, 따라서 그 끝에는 분명히 고귀한 무언가가 존재하기 때문이다.

내가 꿈꾸는 유토피아는 어떤 세상인가? 나의 이념과 가치가 담긴 유토피아

의 건설을 담은 동화를 구성해 보자.

· 유토피아의 모습

· 나의 이상향에 담긴 이념과 가치

· 지도자

· 국민(백성)

· 반대 세력

유연하고 섬세한 스토리텔링

02

포맷 프로그램

'프런코'라는 애칭으로 잘 알려진 〈프로젝트 런웨이 코리아〉는 영국 프리멘틀 미디어가 제작한 〈프로젝트 런웨이〉로부터 포맷을 구입해 제작한 프로그램이다. 제작사의 '포맷 바이블'은 무려 700페이지 분량에 이르는데, 이를 바탕으로 진행자의 의상과 태도, 심사위원의 시니컬한 말투, 무대, 과업 수행 방식 등을 세밀하게 분석하여 재가공한다.

몇 년 전부터 이와 같은 포맷 프로그램 제작이 전 세계적으로 하나의 유행처럼 번지고 있다. 포맷 프로그램이란 성공 사례가 검증된 프로그램의 형식을 차용하여 각 나라의 실정에 맞게 변형시켜 방영하는 것을 말한다. 온스타일의 〈도전! 슈퍼모델 코리아〉는 미국의 슈퍼모델 타이라 뱅크스가 진행하는 〈America's Next Top Model〉의 한국판이며, TV N의 〈러브스위치〉는 프랑스에서 기획된 〈Take Me Out〉을 들여온 것이다. Q TV의 〈순위 정하는 여자〉는 일본 아사히 텔레비전의 예능 프로그램 포맷이 원본이다. 포맷 프로그램이 창의성을 저하시킨다는 우려가 있기는 하지만, 구성이 쉽고 비용이 절감될 뿐만 아니라 그동안의 제작 노하우까지 전수받아 제작 과정에서 발생하는 불필요한 시행착오를 줄일 수 있다는 장점 때문에 포맷 제작은 점점 증가하고 있는 추세다.

우리나라는 포맷을 수입만 하는 것이 아니라 검증된 인기 프로그램의 포맷을 매뉴얼로 만들어 수출하기도 한다. KBS의 〈도전 골든벨〉이나 〈미녀들의 수다〉, 〈청춘 신고합니다〉, 〈비타민〉, MBC의 〈우리 결혼했어요〉, 〈러브하우스〉, SBS 〈진실게임〉 등의 포맷이 이미 해외로 수출되었다.

최근 발표된 덴마크와 호주의 텔레비전 프로그램 비교 연구를 보면, 똑같은 라이프스타일 리얼리티 포맷 프로그램인 덴마크의 〈Ground force〉와 호주의 〈The Block〉은 각각 강조하는 부분이 달랐다고 한다. 덴마크에서는 갈등이나 멜로 드라마 부분을 경시하는 대신 정보 전달이나 공감을 중요하게 다루어 화기애애한 분위기를 만들었지만, 호주에서는 멜로 드라마, 스캔들, 갈등, 기이함에 중점을 두어 훨씬 살벌한 분위기를 조성했다는 것이다. 이는 덴마크의 방송이 공공 서비스를 중시하는 반면 호주의 방송은 훨씬 상업적이고 미국화되어 있다는 차이에서 기인한 것으로 보인다.[49]

Q TV에서 방송되고 있는 〈엄마를 바꿔라〉는 영국 채널 4의 〈Wife Swap〉가 원 제목이지만, 〈부인 바꿔치기〉로 번역될 경우 부정적인 의미가 강하기 때문에 엄마를 강조하는 타이틀로 바꾸었다. 내용도 부부 관계보다는 엄마의 역할을 강조하여 한국적 정서에 맞게 순화시켰다.

포맷 프로그램의 수입이나 수출에 있어 진지하게 고려해야 할 사항은 무엇보다 현지의 정서와 법 제도, 문화적 배경을 존중해야 한다는 것이다. 포맷 프로그램에 대한 연구를 보면, 동일한 포맷이라도 각 나라의 방송 시스템, 문화적 환경, 사회적 인식 등에 따라 프로그램의 내용이 달라진다는 사실을 알 수 있다.

리메이크

똑같은 이야기라도 각 나라의 문화와 생활방식의 차이에 따라 내용이 달라질 수밖에 없다. 시간차를 두고 진행되는 잔잔한 사랑과 소소한 유머가 감동을 안겨 주었던 한국 영화 〈시월애〉는 한국 영화 최초로 할리우드에서 리메이크된 작품이다.

바닷가에 유리로 지어진 투명한 집, '일마레'에 한 남자가 이사 온다. 그에게 남겨진 이상한 편지. 편지에는 2년 뒤의 날짜가 적혀 있었다. 편지를 보낸 사람과 받은 사람 사이에는 2년이라는 시차가 존재하는데……. 두 사람은 우체통이 시간의 간극을 메우는 메신저라는 사실을 알게 된다.

직업이 성우인 그녀는 옛 애인과의 이별에 연연해하며 자신의 심정을 일마레에 살고 있는 그 남자에게 털어 놓는다. 두 사람은 점점 가까워지고, 남자는 여자가 과거 지하철을 기다리던 그곳으로 찾아가 그녀를 만나게 되지만, 그녀는 그를 알아보지 못한다. 한편 남자는 자신을 떠나간 아버지를 미워하며, 아버지와의 만남을 거부한다. 세상을 떠난 아버지 앞에서 그는 그리움을 원망과 증오로 표현했던 자신을 발견한다.

미국으로 떠났던 옛 애인이 돌아왔지만, 이미 그의 옆에는 다른 여자가 있다. 견디기 힘들었던 여자는 일마레의 그 남자에게 과거에서 모든 것을 되돌려 달라고 부탁한다. 남자는 여자와 그의 애인이 마지막 만났던 장소로 가게 되고, 그곳에서 교통사고를 당하게 된다. 이 사실을 알게 된 여자는 그제야 일마레의 남자를 사랑하는 자신을 발견하게 되고, 자신이 얘기한 장소로 가지 말아달라는 편지를 우체통에 넣고 기다린다.

얼마 뒤, 일마레에 새로 이사 온 여자에게 남자가 다가간다. 지금부터 자신이 하는 얘기를 믿어달라며…….

할리우드에서 한국 영화 스토리의 판권을 사들인 적은 몇 번 있었지만, 직접 리메이크된 것은 〈시월애〉가 처음이라고 한다. 미국 배우들의 나이가 조금 더 많은 것으로 설정된 것을 빼면, 분위기와 내용은 거의 그대로다. 영화 〈시월애〉는 한국에서 약 50만 명 정도의 관객을 동원했지만, 감동적이고 아름다운 영화로 사람들의 마음 속에 남아 있다. 〈시월애〉를 리메이크한 미국 영화 〈레이크 하우스〉는 북미권에서 5,600만 명의 관객을 동원하며 큰 성공을 거두었다.

도대체 미국에서는 무엇이 어떻게 바뀐 것일까? 〈레이크 하우스〉는 철저하게 할리우드식으로 리메이크되었다. 집도 분위기도 내용도 모두 그대로지만, 여자의 직업은 성우에서 의사로 바뀌었고, 그녀는 더 이상 옛 사랑에 연연해하며 뒤돌아보지 않는다. 마음만으로 좋아하는 것이 미국식 사고방식과 맞지 않기 때문에 과거의 남자와 미래의 여자는 어느 한 지점에서 만나 함께 춤을 추고 키스를 나누기까지 한다. 가족을 중요시하는 할리우드식 가치관을 반영하여 아버지와의 관계가 틀어졌던 남자는 아버지와의 화해를 시도하며, 아버지의 죽음 앞에서 마음의 짐을 덜게 된다. 특히 제인 오스틴의 소설 ≪설득≫을 복선으로 깔아 제일 마지막에서 사랑이 이루어짐을 암시한다. 따라서 마지막 장면은 당연히 해피엔딩이며, 전체적인 영화의 분위기는 밝고, 환상적이다.

| 〈시월애〉와 〈레이크 하우스〉의 비교

구 분	시월애(한국)	레이크하우스(미국)
여자 주인공	은주(전지현) 직업 : 성우	케이트(산드라 블록) 직업 : 의사
남자 주인공	성현(이정재) 직업 : 건축사	알렉스(키아누 리브스) 직업 : 건축사
두 사람의 만남	성현이 과거의 은주를 찾아가 만나지만 그저 바라보기만 할뿐 아무런 신체 접촉도 일어나지 않는다.	알렉스가 과거의 케이트를 찾아 말을 걸고 함께 블루스를 추며 키스한다.
여 주인공의 옛 사랑	은주는 떠나간 옛 사랑에 연연해한다.	과거에서 온 남자 알렉스가 끼어들면서 사랑이 깨지지만, 연연해하지 않는다.
남자 주인공 과 아버지와 의 관계	아버지와 화해하지 않은 채 아버지의 죽음을 맞게 된다.	아버지와 대화를 하며 마음을 열던 상태에서 아버지의 죽음을 맞게 된다.
마지막 장면	편지를 들고 아무것도 모르는 과거의 은주를 찾아오는 성현의 모습이 여운을 남긴다.	케이트와 알렉스가 키스를 하며 사랑이 맺어지고 동화처럼 행복한 결말을 맺는다.

똑같은 원본을 바탕으로 할지라도 가족 관계, 스킨십, 삶에 대한 자세 등 각 나라의 문화적 특성이나 사고방식에 따라 스토리의 전개는 변화될 수밖에 없다. 이러한 차이를 무시한 채 천편일률적으로 구성한다면, 원천 소스가 아무리 훌륭하고 완성도가 높다고 하더라도

현지에 진출했을 때 실패의 쓴 맛을 보게 될 뿐이다.

영화 〈쿵푸 팬더〉의 감독 존 스티븐슨은 한국 영화의 스토리는 도전적이고, 예술성이 강하며, 비극적인 결말이 많다고 평가한다. 그러나 해피엔딩을 선호하고 예측 가능한 스토리를 기대하는 미국인들에게 이러한 특징은 다소 생소하게 보일 수 있다. 그는 또 중국 영화 〈와호장룡〉이 미국에서 성공한 것은 영어로 더빙한 덕을 보았다면서 자막에 익숙하지 않은 미국 관객들을 위해 더빙이 꼭 필요하다고 강조한다.[50]

미국인들이 해피엔딩을 좋아하는 데 비해, 프랑스인들은 다소 우울하고 모호한 결말에 대해 그다지 거부감을 갖지 않는다. 종교에 대한 편견이 거의 없으며, 철학과 사색을 즐기는 프랑스인들에게 〈서편제〉, 〈파이란〉, 〈달마가 동쪽으로 간 까닭은〉, 〈봄, 여름, 가을, 겨울 그리고 봄〉과 같은 우리 영화들이 큰 반향을 불러 일으켰던 것은 우연이 아니었다. 이처럼 사회적 맥락과 문화적 특성, 현지의 정서를 배려할 때 포맷 스토리텔링은 성공을 거둘 수 있다.

디테일이 독자를 사로잡는다

시청자들에게 '시가(시크릿 가든)앓이', '주원앓이'의 열병을 안겨다 주고, '차도남(차가운 도시 남자)'과 같은 신조어를 만들어 낸 SBS 주말

드라마 〈시크릿 가든〉의 소재는 사실 뻔해도 너무 뻔하다. 재벌 2세와 스턴트우먼이 만나 우여곡절 끝에 사랑을 이룬다는 내용에 서로 신체가 뒤바뀐다는 설정이 추가되었다. 이처럼 상투적인 모티브에도 불구하고 시청자들은 〈시크릿 가든〉에 중독되었고, 마지막 순간까지 35%의 시청률을 기록했다.

시청률을 따지자면, 그동안 시청률 40%를 넘었던 드라마들이 꽤 있었기 때문에 그다지 놀랄 만한 기록은 아니었지만, 시청자들의 '움직임'을 보면 다른 어떤 드라마보다도 많은 위력을 발휘했다는 것을 알 수 있다. 극 중 가수 '오스카'의 '시크릿 가든 콘서트'는 전 좌석 2,000석이 5분 만에 매진되어 2억 원의 매출을 올렸으며, '그 남자'를 비롯한 OST의 음원 수익만 20억 여 원에 이르렀다. 뿐만 아니라 주인공의 서재에 꽂혀 있던 6권의 책들은 '시크릿 가든 주원·라임의 테마 도서 세트'라는 이름으로 불티나게 팔리기도 하였다. 특히 고전 동화인 ≪이상한 나라의 앨리스≫는 10만 부 이상 판매되었다. 드라마의 주요 내용을 재구성한 영상 만화 〈시크릿 가든 1, 2권〉의 인기도 높았다.

이와 같은 열풍의 비결은 무엇보다 '디테일'에 강하다는 점에서 찾을 수 있다. 직설적이고 저돌적이며, 조사를 생략하고 반말을 툭툭 던지는 남자 주인공 김주원의 말투, 김주원과 길라임의 신체가 바뀐 뒤 각자의 눈빛과 태도, 각 조연들의 완성도 높은 배역이 정교하게 들어맞았던 것이다. 놓치기 쉬운 세세한 부분까지 작가와 연출가의 손길이 닿아 있으며, 음악과 소품, 의상, 장소 하나하나에 이르기까지 디테일의 묘미를 보여 준다.

극중에서 김주원이 입었던 트레이닝복은 주인공의 성격과 취향을 나타내는 아이템으로 설정되었다. 이태리 장인이 한 땀 한 땀 공들여 스팽글을 단 이 의상은 주인공에게 '똘추(또라이추리닝)'라는 별명을 붙여 주며, 소품을 넘어 주인공의 상징으로 쓰였다. 또 드라마에서 잠깐 보여 준 다독가인 주원의 서재에 있던 책들의 제목과 내용은 주원의 심리 상태를 고려해 진열되어 있었다. 길라임은 주원의 마음을 이해하고 싶어 그 책들을 구입한다. 루이스 캐럴의 ≪이상한 나라의 앨리스≫, 김경욱의 소설 ≪동화처럼≫, 강기원의 시집 ≪은하가 은하를 관통하는 밤≫, 허연의 시집 ≪나쁜 소년이 서 있다≫ 등과 같은 책을 읽으며 라임은 서서히 주원의 세계로 다가간다.

사소한 부분까지 섬세하게 구성된 드라마의 어떤 부분도 놓치기 싫어 시청자들은 자세히 보고 다시 보며 비밀스런 그곳으로 빠져든다. 마치 호기심 많은 앨리스가 토끼를 따라 이상한 나라로 떨어진 것처럼 말이다.

　스토리텔링은 '일방적으로 이야기하기'가 아니다. 재미를 유도하고 동의를 구하기 위해서는 우선 납득할 수 있고, 정서적으로 수용할 수 있어야 한다. 지나치게 낯설거나 문화적 관점에서 볼 때 무례한 이야기는 외면당하기 쉽다. 따라서 남녀 관계에 대한 서구적 관점, 아랍 문화권에서 신체를 대하는 태도, 사물에 대한 일본인들의 관념, 인도인들의 운명을 수용하는 방식 등 각 나라와 문화권에 따른 다양한 차이를 고려해야 한다. 이와 함께 사소한 부분마저도 소중히 다루며, 디테일에 신경 쓰는 섬세한 스토리텔링으로 접근한다면, 국가, 민족, 인종, 언어, 문화의 경계를 넘어 누구에게나 사랑받는 문화 콘텐츠를 생산해 낼 수 있을 것이다.

story telling

Training

리메이크된 영화나 드라마를 찾아보자. 시대와 국가를 넘어 리메이크된 콘텐

츠에서 변화된 부분은 어떤 것들인가?

· 리메이크된 영화나 드라마의 제목

· 원본의 제목

· 유지된 부분

· 달라진 부분

· 변화를 준 이유는 무엇이라고 생각하는가?

창의성으로 가득한 스토리텔링

storytelling

작은 것을 버리면 큰 것을 얻는다

나이 많은 어부 산티아고는 카리브 해의 한 가운데서 작은 배로 고기를 잡는다. 84일 동안 한 마리도 건지지 못했던 노인은 마침내 85일째 되던 날, 6미터가 넘는 물고기를 발견하고 사투를 벌인다. 포획에 성공한 산티아고는 물고기를 작살로 찍어 선측에 매달았다. 그러나 기쁨도 잠시, 어느새 피 냄새를 맡은 상어 떼가 달려들어 살을 모조리 뜯어 먹는다. 노인이 탄 배가 항구에 도달했을 때, 배에는 커다란 물고기의 뼈만 앙상하게 남아 있었다.

헤밍웨이의 소설 '노인과 바다'의 줄거리다. 그런데, LG유플러스의 광고는 원작을 비틀어 새롭게 해석한다.

노인과 바다 책장을 넘기자 바다와 한 젊은 남자가 나타난다. 그는 상어 떼와 치열하게 싸움을 벌인다. 이윽고 고요해진 바다. 남자는 대어를 미끼로 상어 떼를 잡아온 것이다.

이때 메시지가 나타난다.

> "작은 생각을 버리면 큰 것을 얻는다. 남다른 생각 플러스가 되다. 엘지 유 플러스"
>
> – LG유플러스의 광고

광고 속 어부는 젊고, 의기양양한 표정이다. 대어가 뼈만 앙상한 부분은 소설과 같지만, 젊은 어부는 소설 속 노인과 달리 상어 떼를 잡아온 것이다. 이 광고는 LG유플러스가 지향하는 가치를 표현하고 있다. LG텔레콤과 LG데이콤, LG파워콤 세 통신사를 합병한 LG유플러스는 '통신사를 넘어서는' 전략을 세웠다. 컨버전스 시대에 걸맞게 이동전화, 인터넷, IP TV를 모두 아우르는 통합 브랜드로서의 이미지를 추구한 LG유플러스는 새롭고, 놀라우며, 상식과 기대를 깨는 '노인과 바다' 광고를 선택하였다.[51]

이 광고에는 상어 떼를 유인하기 위한 대어를 미끼로 사용하는 창의적인 발상과 이미 소유한 것에 만족하지 않고 가진 것을 아낌없이 버림으로써 고객을 위해 더 크고 새로운 가치를 창조해 내겠다는 철학이 담겨 있다. 이처럼 오늘날 광고는 광고를 넘어 새로운 비전을 제시하며 고객의 마음을 사로잡기 위한 노력을 멈추지 않는다.

창의성의 고전, 장자

우리가 살고 있는 이 세상에는 의외로 비어 있는 공간이 많다. 상상력은 이 빈 공간을 채우려는 욕망이다. 알고 있는 것을 넘어서기 위해서는 호기심과 상상력을 모조리 동원해야 한다. 상상은 공상과는 분명 다른 것이다. 하늘에 둥둥 떠다니는 구름 위에 누군가 타고 있는 것을 떠올리는 것이 공상이라면, 하얀 솜털로 뒤덮인 푹신한 방석 모양을 한 구름을 타고 얼음성에 갇힌 공주를 구하러 가는 장면을 떠올리는 것은 상상이다. 공상이 막연하고, 모호하며, 정처 없이 떠돌아다니는 것이라면, 상상은 보다 구체적이며, 방향을 향해 나아가는 것이다.

상상력과 창의성을 키우기 위해 작가들이 추천하는 책은 바로 동양의 고전인 '장자'이다. 장자에는 우화를 비유와 상징으로 우주와 인생에 대한 깨달음을 주는 이야기들로 가득 차 있다.

못가의 꿩 한 마리
열 걸음에 한 입 쪼고,
백 걸음에 물 한 모금.
갇혀서 얻어먹기 그토록 싫어함은,
왕 같은 대접에도 신이 나지 않기 때문.[52]

현재 꿩이 처한 삶은 몹시 힘들어 보인다. 음식 한 입 쪼아 먹기 위해 열 걸음을 가야 하고, 물 한 모금 마시기 위해 백 걸음이나 가야 하는 신세이기 때문이다. 그러나 꿩은 갇혀서 왕 같은 대접을 받으며 얻어 먹는 것보다는 지금 이 상황이 훨씬 낫다고 생각한다. 아무리 호의호식하더라도 자신의 이상과 이념을 버리고 자유마저 포기해야 한다면, 차라리 촌부로 가난하게 살겠다던 옛 어른들의 지조와 기개가 떠오른다. 이처럼 장자는 꿩 뿐만 아니라 나비, 물고기, 매미, 비둘기, 원숭이, 꼽추, 정신병자, 나무 등 사람과 동식물을 총동원하여 삶의 지혜를 일깨운다. 사람과 자연에 대한 관찰, 인간의 삶에 대한 깊은 사유, 그리고 이 모든 것을 버무리거나 연결하는 장자의 상상력은 오늘날에도 많은 이들에게 재미와 지혜를 안겨 준다.

기발함의 대가, 스콧 피츠제럴드

44세의 짧은 생을 살면서 네 편의 장편 소설과 네 편의 희곡집, 그리고 160여 편의 단편 소설을 남긴 작가가 있다. 〈위대한 개츠비〉와 〈벤자민 버튼의 시간은 거꾸로 간다〉로 우리에게 잘 알려진 미국 재즈 시대의 소설가 스콧 피츠제럴드(1896~1940)가 바로 그 주인공이다. 기발하고, 창의적이며, 재기 넘치는 그의 소설은 영화나 연극으로 멀티유즈되며 오늘날에도 여전히 사랑받고 있다.

가난한 어린 시절, 친척 집에서의 눈칫밥, 프린스턴 대학 생활과 육군 소위의 삶, 제1차 세계 대전, 사랑하는 여성 젤다와의 만남, 약혼과 파혼, 그리고 결혼, 작가로서의 명성과 성공, 화려한 삶, 젤다의 병, 약물 중독, 몰락……. 피츠제럴드는 44년의 삶을 살면서 가난과 부, 사랑과 배신, 명성과 비난, 쾌락과 쇠락을 모두 맛본 작가이다. 그의 작품에서는 삶의 체험과 번뜩이는 통찰력을 특유의 기발한 상상력으로 엮어 내는 묘미를 맛볼 수 있다.

≪낙타의 뒷부분≫이라는 그의 단편 소설은 선택의 기로에 선 청춘 남녀들의 고민과 위선, 한 시기의 선택과 결정이 일생에 미치게 될 영향력을 흉측한 모양의 낙타 의상을 통해 상징적으로 풀어 낸다.

≪낙타의 뒷부분≫

스물여덟 살의 잘생긴 하버드 출신의 변호사 페리 파크허스트는 부잣집 딸 베티 메딜과 비밀 약혼을 한 사이이다. 베티에게 청혼을 하기 위해 결혼 허가서를 들고 찾아간 페리는 그녀와 크게 싸우고 헤어진다. 낙심한 페리는 기분 전환을 위해 가장 무도회에 참석하기로 마음먹는다. 택시를 타고 무도회 의상을 파는 상점에 간 그는 낙타 의상을 발견하고, 두 명이 필요하다는 주인의 말에 택시 기사를 꼬드겨 낙타의 뒷부분을 맡게 한 뒤 파티 장소로 간다. 뱀을 부리는 마녀 의상을 한 베티는 흉측한 모습의 낙타에게 관심을 보이며 함께 춤을 춘다. 파티에서 베티는 '창의적 의상을 한 여성'에 뽑히고 페리는 '창조적 의상을 한 남성'에 뽑히는데, 이때 마침 결혼 행진곡이 울린다. 장난기가 발동한 사람들은 흑인 웨이터 출신의 가짜 목사를 세우고, 성경책을 낭독하며 베티와 낙타의 가짜 결혼식을 거행한다. 페리는 택시 기사의 손에 있던 반지를 달라고 하여 베티에게 건넨다. 그런데, 얼떨결에 페리가 내밀었던 종이는 진짜 결혼 서약서였고, 가짜 목사는 평상시에는 서비스업에 종사하지만, 주말에는 제일 쿨러드 침례교회에서 목회를 하는 진짜 목사였다. 이 사실을 몰랐던 페리는 당황하였고, 베티는 화를 내며 결혼이 무효라고 선언한다. 이때 낙타의 뒷부분을 담당하고 있던 택시 기사가 자신 역시 베티의 남편이라고 주장한다. 그러자 페리는 이 결혼은 중혼이라고 말하며, 자신은 베티를 포기하겠다고 떠난다.

놀란 베티는 재빨리 뛰어가 페리를 붙잡으며 함께 어디든 가서 그와 결혼해 살게 해 달라고 애원한다.

사랑을 구걸하던 페리는 이제 사랑을 구해 주는 구원자 역할을 하게 된다. 이 모든 이야기의 시작은 단순하다. 우스꽝스런 낙타 의상의 뒷부분에서 사랑과 이별, 무도회, 거짓 서약, 반전, 결혼에 이르는 모든 사건에 대한 상상이 시작된 것이다.

아무리 평범한 소재라도 새로운 시각에서 보면, 남들이 미처 발견하지 못한 이야깃거리를 찾아낼 수 있다. 뮤지컬 〈김종욱 찾기〉는 '첫사랑'이라는 흔한 소재를 선택하였지만, 5년간 2,130회 공연, 41만 2,327명의 관객 동원, 매출 100억 원이라는 성과를 올렸다. 인도 여행에서 만난 첫사랑을 잊지 못한 여성이 '첫사랑 찾아주기 주식회사'에 도움을 요청하면서 벌어지는 소동을 그린 이 뮤지컬은 무엇보다 특이한 제목이 눈길을 끈다. 〈김종욱 찾기〉, 도대체 김종욱이 누구지? 첫사랑의 진부함은 '김종욱'이 누구인지에 대한 호기심을 자아내면서 참신함으로 바뀌게 된다. 더욱이 불쑥불쑥 튀어나오는 멀티맨은 기발한 아이디어의 진수를 보여 준다.

그런가 하면 소재 자체가 독특한 것도 있다. 사람이 벌레로 변하는 카프카의 ≪변신≫이나 트렁크에서 잠자는 사람들을 소재로 한 고은규의 소설 ≪트렁커≫, 사람의 마음에 층위를 나누어 설계하는 것으로 화제를 끌었던 영화 〈인셉션〉 등과 같이 번뜩이는 아이디어가 돋보이는 이야기도 있다. 항상 새로운 시각으로 바라보고, 두려움 없이 상상하며, 열린 자세로 많은 것을 경험하고 기록하는 습관을 통해 창의적인 사람으로 거듭나자.

Training

사랑하는 여인의 마음을 되돌리는 극적 반전을 상상해 보자.

01. 남녀의 상황은 피츠제럴드의 단편 '낙타의 뒷부분'과 같다고 설정한다.

02. '낙타 의상'과 같이 상상을 일으킬 물건을 정한다.

03. 그 물건을 구체적으로 떠올려 본다.

04. 그 물건이 어떠한 역할을 하게 될 것인지 상상해 본다.

05. 극적 상황을 만들어 본다.

06. 어떻게 문제를 해결할 것인지 반전을 꾸며 본다.

두려워서, 대안이 없어서, 또는 감동해서 상대방이 '당신'을 선택할 수밖에

없는 이벤트를 상상하여 이야기를 꾸며 본다.

변화를 꿈꾸는
미디어 스토리텔링

라디오스타

새로운 신식 미디어에 밀려 이미 올드 미디어가 되어 버린 라디오. 한물간 가수 최곤은 라디오 프로그램의 DJ, 그것도 강원도 영월이라는 산골 마을에서 이 일을 시작하게 된다. 한때 가수왕까지 올랐던 화려한 전적을 갖고 있는 그였지만, 대마초, 밤무대 가수, 폭력 사건 등으로 쇠락의 길을 걷다가 결국 매니저에게 등을 떠밀려 시골 방송국행을 택하게 되었다. 의욕도, 이해도, 애정도 없던 그는 무성의하고 무례하게 방송을 진행하기 시작한다. 잠깐의 영광 이후 추락만 경험했던 최곤의 무료한 삶을 일깨워 준 것은 바로 마을 사람들의 사연이 담긴 이야기였다. 음악을 사랑하는 청년들부터 할머니와 함께 살며 아빠를 기다리는 아이, 청록 다방에서 일하는 미스 김에 이르기까지 소박하지만 꿋꿋하게 살아가는 이웃의 이야기가 최곤을 감동시키고, 청취자를 울렸던 것이다.

이것이 바로 지역 미디어의 힘이다. 지역 미디어는 우리 이웃에 사는 할머니, 동네 유치원, 마을을 그리는 화가, 우리 동네 고등학교의 수학 선생님이 등장인물이 되어야 하며, 이들의 이야기가 곧 콘텐츠가 되어야 한다.

한 지역 신문의 신선한 실험

한 사람의 생은 얼마나 파란만장하고 그러기에 얼마나 또 고귀한가? 그러나 신문의 부음란에 실리는 기사는 달랑 한 줄 길어야 두세 줄이다.

- 기사 타이틀 : 〈부음〉 ○○○(전 J 신문 편집위원) 씨 별세
- 기사 내용 :

▲○○○(전 J 신문 편집위원) 씨 별세, ○△△(L사 대표) 씨 부친상=20일 오후 6시, Y 장례 문화원, 발인 22일 오전 10시 ☎ 010-××××-××××

망자의 삶을 요약하는 단 몇 단어의 나열과 장례식 장소의 전달에 불과한 부음이 죽음 뒤에 우리에게 주어지는 것이라면 너무 허망하다. 이런 부음 기사는 어떨까? 다음은 실제로 경남 도민 일보에 실린 부음기사다.[53]

> ● 김해시 한림면 김종경 씨 별세(배종철, 배종룡, 배태선, 배원주 씨 모친상)
>
> 김해시 한림면 퇴래리 소업 마을 김종경 씨가 5일 오후 2시 80세를 일기로 별세했다. 고(故) 김종경 씨는 옆 동네인 퇴래리 신기 마을에서 1남 5녀 중 셋째딸로 태어나 18세 때 협동 조합 직원이던 배호열(작고) 씨와 결혼, 2남 2녀를 낳아 키웠다. 고인은 34세 때 일찍이 남편을 잃었지만 시부모를 모시고 시누이 세 명을 출가시켰으며, 네 자식을 어렵게 길렀다.
>
> 고인의 둘째 아들 배종룡 씨는 "항상 조용히 일만 열심히 하시는 전형적인 농촌 어머니셨다."면서 "한달 보름 전 뇌출혈로 쓰러졌을 때도 고추밭과 참깨밭을 걱정하셨던 분"이었다고 말했다. 유족으로는 배종철(농업)·종룡(김해여중 교사)·태선(주부)·원주(주부) 씨가 있다.
>
> 빈소는 김해시 삼계동 조은 건강 병원 영안실 특3호에 마련됐으며, 발인은 7일 오전 수시, 장지는 김해시 한림면 선영이다.
>
> 연락처 : 011-×××-××××(배종룡)

이팔청춘이라는 꽃다운 나이, 18살에 옆 동네 총각에게 시집온 딸부잣집 셋째 딸 경아. 사랑스런 셋째 딸 경아는 야무지고 성실하게 시골 살림을 꾸려 나갔다. 그러던 그녀에게 닥친 남편의 죽음은 그녀를 책임감 강한 가장으로 우뚝 서게 만드는 계기가 되었을 것이다. 묵묵히 농사를 지으며 밭을 일구는 마음으로 2남 2녀를 키우고 시부모와 시누이를 돌보며 살아온 한 여인의 인생이 파노라마처럼 스쳐 지나간다.

"고추캉 참깨캉 우짜노. 누가 다 돌보노." 세상을 떠나기 전까지 그녀가 걱정하던 농사일. 그녀의 손길이 닿았던 고추는 붉어지고, 참깨는 고소하게 향기를 풍기건만, 경아의 향기는 어디 가서 맡을꼬.

이렇게 시골 마을에 태어나 80 평생을 살다 세상을 떠난 한 여인의 삶이 고스란히 우리 마음속으로 들어온다. 그리고 우리는 생각한다. 세상을 떠날 때 과연 우리는 어떤 이야기를 남기고 가게 될까? 그러니 부디 잘살자.

기자들이 어색해하기 때문인지 아니면, 부음란이 짧아야 한다는 독자들의 고정관념 때문인지는 알 수 없지만, 아쉽게도 경남 도민 일보는 더 이상 이런 기사를 내보내지 않는다. 그러나 지역 미디어의 진정한 역할은 이런 이웃들의 삶과 죽음의 이야기를 독자들에게 스토리텔링하는 데 있다는 사실만은 변함이 없을 것이다.

소통을 이끄는 미디어 스토리텔링

지역 미디어는 각 지역의 정체성을 담아야 하며, 정체성이란 지역 고유의 언어와 정서, 사람, 문화 등 다른 지역과의 차이에서 비롯되는 것이다. 지역 미디어는 지역의 물리적·심리적 공간을 바탕으로 하여 지역민들의 고유하고 독창적인 문화와 삶을 담아내야 한다.[54] 아무리 사소한 일일지라도 주민들은 자신이 살고 있는 곳에서 일어나는 일에 대해 많이 알게 될수록 강한 소속감을 느끼며 봉사나 선거, 청원 등 지역 사회의 모든 일에 자발적으로 참여하게 된다.

지역 미디어는 지역 사회와 소통하기 위한 커뮤니케이션 인프라로서 지역 스토리텔링을 구축해야 한다. 먼저 지역 미디어는 그 지역의 주요 기관, 주요 인물, 주민들과 수시로 접촉하여 의미 있는 관계를 맺어야 한다. 그런 다음, 이 관계를 바탕으로 각종 이벤트와 사건, 이슈를 연결해야 한다.[55] 이렇게 될 때 지역 미디어는 주민들이 가치 있다고 생각하는 콘텐츠를 생산하는 데 우월적 위치를 차지할 수 있다.

Point

방송과 신문, 인터넷 매체들이 주민의 입장에서 아이템을 정하고, 기사 가치를 판단하여 콘텐츠를 생산한다면, 주민들은 미디어가 자신들의 일상적인 관심사에 가치를 둔다고 평가하게 된다. 기자나 언론사, 방송사 중심이 아니라 주민들이 관심을 갖는 소재를 발굴하고 스토리텔링한다면, 미디어는 더욱 친근한 매체이자 소통의 도구로 자리 잡게 될 것이다. 주민들에게 가장 익숙하고, 가장 절실하며, 가장 가까운 소재의 스토리텔링을 통해 공동체에 대한 관심과 참여를 이끌어 내는 것이야말로 지역 미디어의 원동력이 될 수 있다.

story
telling

Training

세상을 떠난 고인의 부음 기사를 스토리텔링 형식으로 적어 보자.

· 이름 :

· 태어난 곳 :

· 가족 관계 :

· 직업 :

· 평소 고인의 철학 :

· 고인의 어록 :

· 가족들이 기억하는 고인 :

· 발인 장소 :

"The stories that move and captivate people are those that are true to the teller, the audience, the moment, and the mission."

— Peter Guber

05

성공하는
스토리텔링 전략

훌륭한
스토리텔러가 되려면?

01

체험으로 가득한 삶을 살아라

인간의 이야기는 상상, 체험, 기억의 각 요소에 의해 창작되기도 하고, 이 가운데 두 요소 또는 세 요소들의 결합으로 이루어지기도 한다. 특히 중요한 것은 체험이라고 할 수 있는데, 그 이유는 상상이 '무(無)'에서 만들어지기가 힘들기 때문이다. 우리가 보고 들은 것들은 기억 속 어딘가에 남게 되고, 이러한 기억을 바탕으로 우리는 마음껏 상상의 나래를 펼친다.

기차가 하늘로 날아가는 상상은 기차와 새, 비행기에 대해 책에서 읽었거나, 기차나 비행기를 타 보았거나, 하늘을 나는 새나 비행기를 보았기 때문에 가능하다. 우리가 아프리카 아이들을 후원하는 것은 텔레비전 다큐멘터리를 봤을 때의 감흥 때문이며, 젊은이들이 해외 구호 단체에서 일하는 것은 한비야의 책을 읽고 감동을 받았기 때문이다. 무언가에 영향을 받아 우리가 실행에 옮기게 될 때, 그것은 또 새로운 이야기로 뻗어 나가게 된다. 기부, 봉사, 모험, 도전, 연애 등 체험은 직접적이든 간접적이든, 우리 기억의 일부로 자리 잡아 '나'를 형성하는 데 기여하고, '이야기하기'의 소재나 주제가 된다.

체험은 인간이 지닌 오관의 감각을 통하여 인지하게 되는데, 직접 감각 기관으로 느낀 정보만 가지고는 전체적 상황의 전개를 충분히 알 수 없다. 따라서 미처 체험하지 못한 부분은 상상으로 메워야 전후 사정을 잘 이해할 수 있으며, 이야기의 재미있는 요소들도 구성된다. 이야기가 문학성을 지니려면 허구의 개입은 필수적이다. 이렇게 만들어진 이야기가 사람들의 흥미를 끌고 널리 전파될 때 비로소 살아서 꿈틀거리는 '스토리텔링'이 된다.

이야기의 '재미'는 이야기에 생명력을 불어넣고, 몰입을 가능하게 한다. 순전히 상상에 의해 꾸며진 이야기라 하더라도 흥미를 주기 위해서는 인간의 공통된 체험과 인식, 그리고 삶의 보편적 모양새를 담아야 하기 때문에 무엇보다 체험이 중요하다.

한 편의 시, 하늘거리는 나비, 바람에 흩날리는 꽃잎, 펑펑 쏟아지는 함박눈……. 그다지 유용해 보이지 않으며 실제로 생활에 크게 소용되지도 않지만, 우리의 삶과 정신을 풍부하게 하며, 내 속에 자연스럽게 녹아들어 '나'의 이야기를 만드는 것들이다. 음악과 미술을 감상하며, 풍광을 바라보고 사색에 잠기며, 색다른 음식을 맛보며, 우리는 삶의 빈곤과 허기를 채울 수 있다. 실용적이지 않더라도, 때로는 하찮아 보이는 것일지라도 바라보고, 듣고, 만지면서 아름다움을 발견하고 감동을 느낄 수 있어야 한다. 여행과 독서, 체험과 명상을 통해 통찰력을 키우며 자신만의 이야기를 만들어 보자.

My story를 지녀라

나는 그동안 누구를 만났으며, 내가 하는 일은 무엇이고, 내가 소중하게 여기는 장소는 어디일까? 우리는 자신에 대해 이야기하는 것이 서툴지만, 재미있고 의미 있는 모든 이야기의 출발은 바로 '나'에 관한 것, '나'를 둘러싸고 있는 것들이다.

스토리텔링 전문가인 조 램버트(Joe Lambert)는 우리들 각자가 지니고 있는 이야기를 중요한 사람에 관한 이야기, 이벤트에 관한 이야기, 중요한 장소에 관한 이야기, 내가 하는 일에 관한 이야기, 그 밖의 흥미로운 경험 등 모두 다섯 가지로 분류하고 있다.[56]

1. 내 인생에 있어 가장 중요한 사람은?
내 인생의 멘토, 절친한 친구, 부모님, 롤 모델, 만화영화의 주인공

등 내 삶에 영향을 미친 인물을 관찰하고 이를 메모로 남겨 두면 훗날 자신이 창작하는 이야기에 등장하는 캐릭터의 구체적인 모습을 구성하는 데 도움이 된다. 나 자신과 내가 알고 있는 사람들의 버릇이나 가치관, 외모, 말투, 사건 등에 대한 기억을 바탕으로 일기나 사진, 동영상으로 기록해 놓는다면 유용한 자료가 될 수 있다.

2. 내 인생의 가장 기억나는 이벤트는?

스토리텔러가 직접 겪은 모험이나 성취담은 생생한 느낌 그대로 독자나 관객에게 전달될 수 있다. 금기를 어기거나 생각지도 못했던 사건의 소용돌이에 휘말릴 때, 곡예를 하듯 역경을 이겨내는 과정은 그 자체가 한 편의 드라마가 될 수 있다. 흔히들 "내가 겪은 이야기를 하자면 소설책 열 권도 모자라."라고 말한다. 열 권의 책을 써도 다 하지 못하는 내 인생의 사건들에 대해 기억을 더듬어 보자.

3. 내 인생의 중요한 장소는?

사람은 누구나 자신만의 추억이 담긴 장소를 지니고 있다. 누렁 소의 크고 맑은 눈동자와 마주쳤던 시골 장터, 전학을 가는 친구의 뒷모습을 하염없이 바라보던 학교 운동장, 첫 키스의 설렘이 묻어 있는 동네 어귀의 담벼락 등과 같이 타임캡슐을 묻어 둔 그곳에 관한 소중하고 신비한 나만의 이야기를 펼쳐 보자.

4. 나는 무엇을 하는가?

우리는 누구나 자신이 하는 일에 대해서 아주 잘 알고 있으며, 자신의 일이 다른 사람들에게는 그다지 흥미롭지 않을 것이라고 생각한다. 그러나 대부분의 사람들은 다른 사람들이 무엇을 하는지에 대해 관심이 많다. 가수가 되기 위해 한 단계 한 단계 어려운 고비를 넘기는 연습생, 생명이 오가는 수술을 집도하는 의사, 서명 운동과 성명서 발표가 일상이 되는 시민 단체 활동가 등 다양한 분야에서 일하는 이들의 보람이나 고뇌를 통해 사람들은 자신의 삶을 되돌아보거나 자신이 이루지 못한 꿈에 대해 생각하게 된다.

5. 흥미진진한 경험에 관한 이야기

병이나 고난의 극복, 위태로운 사랑, 새로운 기술이나 진기한 물건의 발명, 고고학적 발견, 암호의 해독에 관한 이야기는 많은 사람들의 구미를 당기며, 다음 이야기를 기대하게 만든다. 말기 암으로 죽음을 앞둔 엄마가 자녀들을 위해 준비한 마지막 인사, 환경미화원으로 일하며 시를 쓰는 사람, 생명의 위협을 무릅쓰고 안나푸르나를 오르는 산악인 등 직접 겪은 이야기는 빈틈 없고 감동적이다. 그러므로 훌륭한 스토리텔러가 되기 위해서는 무엇보다 다양한 경험을 쌓고 모험을 즐기는 자세가 필요하다. 고난조차도 자신을 키우는 밑거름이라고 여기며, 극복 과정을 한 편의 드라마라고 생각한다면, 고난을 긍정으로 바꾸는 지혜를 얻는 동시에 해피엔딩의 주인공이 될 수 있을 것이다.

아이디어 뭉치가 되어라

너무나 뻔한 스토리를 그럴 듯하게 만드는 것, 여러 가지 이론을 논문에 적용하는 것, 기술을 발전시키는 것, 불편을 개선시키는 것, 관계를 이어 주는 것, 제안서로 상대방을 설득하는 것……. 이 모든 것의 공통점은 바로 '아이디어'가 필요하다는 것이다.

광고계의 대부이자 브레인스토밍의 창시자로 널리 알려진 알렉스 오스본은 직장인으로서 그의 첫 출발이 그다지 순탄하지 않았다. 그는 어렵사리 〈버팔로 타임즈〉 신문사에서 병아리 기자 생활을 시작했지만 두 달 만에 쫓겨나게 되었다.

"알렉스, 자네는 더 이상 회사에 나올 필요 없네. 지금 이 순간부터 자네는 해고일세."

편집장으로부터 날벼락 같은 해고 통고를 받은 오스본은 수치스럽기도 하고, 또 먹고 살 일도 막막하여 도저히 잠을 이룰 수 없었다. 밤새 고민하던 그는 바로 다음 날, 자신이 쓴 기사를 들고 〈버팔로 익스프레스〉 지의 사회부장을 찾아갔다.

"부장님, 솔직히 저는 이제 일을 시작한 지 2개월밖에 안 된 풋내기입니다. 그렇지만 부디 이 기사를 한 번만 읽어봐 주십시오. 생각이 달라지실 겁니다."

사회부장은 기사를 쓱 훑어본 뒤 말했다.

"음, 기사 작성법은 서툴고 문체도 어설프지만, 아이디어는 좋은 것 같군. 일단 기회를 줄 테니까 한 번 시작해 보도록 해."

사회 부장의 말을 들은 오스본은 뛸 듯이 기뻐하며 아이디어의 가치에 대해 크게 깨닫게 되었다.

'아이디어는 그야말로 귀한 다이아몬드와도 같은 거로군. 그렇게 귀한 것이라면 최선을 다해 짜내야겠어. 보이스카웃이 하루에 한 가지씩 착한 일을 해 나가듯 나도 하루에 한 가지 아이디어를 생각한다면? 와! 그 결과는 엄청나겠지.'

오스본은 그날부터 상상력을 취미로 삼게 되었고, 취미는 곧 그의 특기가 되었다. 이후 그는 세계적으로 유명한 광고 회사를 설립하여 이름을 날렸으며, "Your creative power", "Wake up your mind", "How to Think up"과 같은 명저를 남기며 창의력 분야의 선구자로 자리매김하였다. 아무리 평범하고 흔한 것이라 하더라도 스토리텔러의 아이디어 창고를 거치면 새로운 것으로 거듭나게 되는 법이다.

다음 이야기에서는 번뜩이는 아이디어가 돋보인다.

이곳은 깊은 산속. 눈을 떠보니 내 몸은 땅속에 묻혀 있고, 목만 간신히 나와 있었다. 내가 왜 이곳에 있는지는 기억이 나지 않는다. 잘 움직이지 않는 목을 살짝 돌려서 이곳을 둘러보면, 사람이 지나 다닐 수 없을 만큼 수풀이 우거져 있고 하늘을 바라보면 높은 나무들과 수많은 나뭇가지들로 빛조차 들어오기 힘들어 보인다. 다만 아침 이슬로 목을 축이고 나에게 비춰지는 한줄기 빛만이 나에게 희망이 되고 양분이 될 뿐이다.

나는 지금 그를 찾으러 깊은 산속에 들어왔다. 그를 찾아야만 한다. 이 산에 들어온 지 벌써 1주일째. 이곳은 한발자국 내딛기조차 힘들 정도로 수풀이 우거지고 험하다. 아무리 찾아도 보이지 않는다. 정말 그는 이곳에 있는 것일까? 산 밑에서 약초를 캐던 사람들의 말이 사실일까? 그들이 거짓말을 하지는 않았을까? 오늘까지만 찾아보고 찾지 못한다면 아무래도 포기해야겠지?

나는 언제까지 이곳에 있어야 하는가? 아무도 이곳을 지나가지 않는다. 잠깐! 어디선가 풀숲을 헤치는 소리가 들린다. 이 산에 사는 짐승일까? 아니면 사람일까? 나는 자그마한 희망을 갖는다. 이곳에서 벗어날 수 있다는 희망을…….
사람이다! 나의 존재를 알리고 싶지만 목소리가 나오지 않는다. 내가 할 수 있는 것이라고는 머리를 살랑살랑 흔드는 것 뿐, 그 이상 내가 할 수 있는 일은 없다. 단지 그가, 그 사람이 나를 봐 주기를 기대할 뿐이다.

이제 점점 지친다. 찾을 수 없을 것만 같다. 오늘이 마지막이다. 조금만 더 힘을 내자! 얼마쯤 수풀을 헤치며 지나왔을까? 대낮인데도 이곳에는 가느다란 빛 몇 줄기만 들어올 뿐, 뭔가 알 수 없는 기운이 맴돌고 있다. 나는 순간 이곳에 그가 있을 것이라는 생각이 강하게 들었고, 지친 몸에 알 수 없는 기운이 돌며 놀라운 집중력으로 주변을 뒤지기 시작했다.

앗! 그가 무언가를 찾기 시작했다. 아무래도 나를 찾는 것 같다. 지금이 아니면 나는 이곳을 평생 벗어날 수 없을 것이다. 나는 있는 힘을 다해 나를 알리려고 했다. 나에게 점점 다가온다! 조금만! 조금만! 조금만!

휴… 한참을 찾았지만 보이지가 않는다. 이제 그만 포기해야 할 것 같다. 얼마 동안이었을까? 잠시 눈을 붙이고 일어난 뒤 내려가려던 찰나에 나무 뒤에서 무언가 붉은 빛이 보였다. 혹시? 조심조심 나무 뒤로 돌아갔다.
찾았다! 찾았어!
이제 어머니의 병을 고칠 수가 있어!
심봤다~

— story by 이종헌

　우리가 사는 세상에는 작가, 작곡가, 감독, 연출가, 연주가, 마술사, 화가, 조각가 등 수많은 스토리텔러가 존재하는데, 훌륭한 스토리텔러일수록 기이하고 다양한 경험으로 점철된 삶을 사는 경우가 많다. 고통이든, 상실이든, 환희든, 영광이든, 작가가 겪은 일들이 이야기 속에 고스란히 녹아날 때 관객은 더욱 적극적으로 반응하게 되며, 여기에 상상이 더해지면 그 효과는 배가된다. 몸으로 겪고, 다이아몬드와 같은 아이디어를 내기 위해 연습하고, 마음의 눈으로 바라보며 상상하는 훈련을 계속한다면 창의적인 스토리텔러로 성장할 수 있을 것이다.

다음 질문에 대해 답해 보자.

· 내 인생의 가장 중요한 인물, 가장 생각나는 사람은 누구인가?

· 내 인생에 있어 가장 기억에 남는 이벤트는?

· 내 인생의 가장 중요한 장소는?

02

스토리텔링의 메시지 전략

핵심 요소 뽑아내기

'산 사람 입에 거미줄 치랴'

아무리 가난해도 굶어죽지는 않을 것이라는 낙관적인 사고를 담고 있는 우리 속담이다. 사람의 입에 거미줄을 치는 장면을 상상해 보라. 이처럼 우리나라 속담은 촌철살인의 메시지와 위트를 지니고 있다. 우리나라의 '개구리 올챙이 적 모른다'와 같은 뜻을 지닌 프랑스 속담인 '송아지 적 모르는 암소의 생각이다'는 어렵고 서툴렀던 시절, 숨기고 싶거나 부끄러웠던 때를 망각한 채 현재의 모습만을 생각하는 사람에 대한 질책을 담고 있다. "처음부터 잘난 줄 알아? 옛날에는 완전 거지꼴이더니." 이렇게 직접적으로 질타하는 것보다는 속담을 인용하거나 패러디를 하면 의미가 훨씬 분명하게 전달되는 효과가 있다.

무슨 일이든 생각만으로는 부족하고, 일단 착수하는 것이 중요함을 깨우치는 '시작이 반이다'는 아리스토텔레스의 명언이며, '내가 있는 곳이 낙원이다'라는 볼테르의 명언은 자신감과 자기 만족의 가치를 깨닫게 한다.

'노마지지(老馬之智)'는 '늙은 말의 지혜'라는 뜻으로 아무리 하찮아 보이는 사람이나 동물, 사물이라 하더라도 나름의 재주나 쓰임이 있다는 것을 이르는 말이다. 이 고사성어의 기원은 춘추시대, 제나라 환공에까지 거슬러 올라간다. 환공은 정벌에 나서면서 관중과 습붕을 동반하였다. 예상보다 전쟁이 길어져 칼바람을 맞으며 돌아오던 환공과 그 일행은 그만 눈보라 속에서 길을 잃고 헤매게 되었다. 이때 관중이 "늙은 말의 지혜가 필요합니다."라고 말하였다. 그러자 환공은 즉시 늙은 말 한 마리를 풀어놓으라고 명령하였고, 말은 일행을 올바른 길로 안내하였다.

다행히 길은 찾았으나 행군은 끝도 없이 계속되었고, 마실 물마저 떨어져 모두 심한 갈증에 시달리게 되었다. 그러자 습붕은 "개미는 겨울에 산 남쪽의 양지 바른 곳에 집을 짓습니다. 보통 흙이 한 치 정도 쌓인 개미집에서 일곱 자 떨어진 땅속에 물이 있습니다."라고 말했다. 군사들은 온 산을 다 뒤져 개미집을 찾아내었고, 습붕이 말한 대로 거리를 재었다. 놀랍게도 그곳에서 물을 찾을 수 있었다.

'노마지지'는 늙은 말이나, 개미나, 관중이나 습붕 모두 곤경에 처했을 때 도움을 주는 것처럼 누구나, 무엇이든 도움이 될 수 있음을 알려 준다. 아무리 미미해 보이는 존재라도 무시하거나 업신여겨서는 안 된다는 교훈을 담고 있다.

칩 히스와 댄 히스는 그들의 저서 ≪스틱!≫에서 한 번 들으면 사라지지 않고 사람들의 뇌리에 딱 달라붙는 스티커 메시지의 특징을 'SUCCES'라고 요약하고 있다. 여기서 'SUCCES'란, 단순성(simplicity), 의외성(unexpectedness), 구체성(concreteness), 신뢰성(credibility), 감성(emotion), 스토리(story)의 앞 철자를 딴 조어다.[57] 메시지의 성공을 위해서는 속담이나 격언처럼 간단 명료하면서도 깊은 의미를 지녀야 하는 단순성과 기대하지 않았던 의외성, 허황되지 않은 구체성, 체험을 통한 신뢰성, 상대방을 움직이는 감성, 그리고 이 모든 것을 한데로 풀어나갈 수 있는 통합적이고, 독창적인 이야기가 필요하다.

네이밍하기

'햇볕정책'은 김대중 정권의 대표적인 대북 정책을 일컫는 말이다. 대화와 포용으로 북한을 감싸 안아 개혁과 개방의 길로 이끌자는 취지의 유화 정책이다. 이러한 맥락에 따라 남북 경제 교류가 이루어졌고, 금강산 관광도 진행되었다. 햇볕정책은 이솝우화 '해님과 바람의 내기'편에서 나온 것으로, 김대중 대통령이 1998년 4월 영국의 런던 대학교에서 강연할 때 처음 언급하면서 굳어진 용어라고 한다. 나그네의 외투를 벗기는 것은 강한 바람이 아니라 따뜻한 햇볕이듯 우리가 북한을 도와 관계를 개선하고 평화와 통일로 나아간다는 염원을 담고 있다. 우화에서 따온 정책의 네이밍을 통해 우리는 복잡한 남북 관계를 쉽게 이해할 수 있으며, 논리적이거나 이성적이기보다는 감성적으로 정책을 받아들이게 된다. 이처럼 우화는 짧고 단순하지만, 의인화를 통해 진리와 교훈을 전달하는 효과적인 스토리텔링 방식이다.

2000년 동안이나 전해져 내려오는 이솝우화는 친숙한 동물들을 등장시켜 인간의 약점과 어리석음을 깨우치도록 하며, 옛 성현의 이야기나 종교의 교리에서도 우화를 이용하여 선과 악을 분간하고 인간의 도리를 다하는 가르침을 찾아볼 수 있다. 탈무드나 성경, 공자나 맹자의 우화를 읽고 기억해 두면 적절한 상황에서 교훈을 주는 스토리텔러의 역할을 톡톡히 해낼 수 있다.

흔히 정책이라고 하면 상투적이고 딱딱한 용어로 가득 찬 '골칫덩어리'로 인식된다. 그래서 시민들의 삶과는 동떨어져 있으며, 행정가나 정치인들의 전문 분야라고 여기지만, 사실 정책은 우리의 삶과 밀접한 연관을 맺고 있다. 지속 가능한 성장은 자원을 아끼는 일에, 육아 정책은 가족과 여성의 발전에 관여한다. 교통 정책은 시간과 경제, 환경을 좌우하며, 복지 정책은 인간의 존엄과 가치를 실현하도록 한다. 따라서 정책은 그들의 언어가 아니라 우리의 언어, 이해하기 쉽고 감동적이며 동의할 수 있는 이야기로 다시 쓰여져야 한다.

최근 들어 정책이나 제도의 스토리텔링 작업이 시작되고 있지만, 아직은 걸음마 단계에 불과하다. 정책을 설명하는 문서는 여전히 묵중한 전문 용어나 알 수 없는 외국어로 쓴 암호 같은 이야기로 가득 차 있어 '법과 제도, 정책을 만들고 시행하는 사람 따로, 시민 따로'라는 선입견을 깨기는 역부족인 듯싶다. 무엇보다 도, 시, 군, 구의 정책과 제도를 설명하고 홍보하는 언어와 형식을 바꾸는 작업이 필요하다.

형식적이고, 지시적이던 기존의 관행에서 벗어나 시민들에게 친근하게 다가갈 수 있도록 정책을 '네이밍'한 뒤, 개성이 강한 캐릭터인 시민들이 자발적으로 참여할 수 있도록 함께 이야기를 꾸미 '정책'을 '작품'으로 만들어야 한다.

보편성 담기

아리스토텔레스는 "역사가는 실제 발생했던 개별적인 일에 대해 이야기하지만, 시인은 앞으로 일어날지도 모를 보편성에 대해 이야기한다."고 하였다. 따라서 시가 역사보다 훨씬 철학적이며, 중요하다고 강조한다.[58] 아리스토텔레스의 말처럼 시인이나 소설가, 작가 등 창작을 통해 이야기를 전하는 스토리텔러는 자신의 이야기가 '보편성'을 담고 있는지 살펴보아야 한다. 보편성은 시간과 공간, 민족과 종교를 떠나 누구나 이해하기 쉽고, 고개를 끄덕이게 만드는 특성을 의미한다.

아무리 심오하고 철학적이며, 정의로운 역사를 가르치더라도 보편성이 따르지 않는다면, 사람들이 받아들이기에는 무리가 따른다. 그래서 사람들은 역사의 기록보다 역사를 각색한 드라마를 더 쉽고 재미있게 기억한다. 왕도 불같은 사랑을 하며, 실수를 하고, 자식의 죽음 앞에 눈물을 흘리는 인간으로 그려지기 때문에 픽션과 상상이 가미된 역사 드라마는 실제 일어났던 역사적 사건보다 훨씬 강한 인상을 남긴다.

민속학자 프롭은 '요정'에 얽힌 민담을 분석하였는데, 그 결과 대부분의 민담에는 보편적 이야기 구조가 있다는 사실을 밝혀냈다.[59] 그의 연구에 따르면 민담의 시작은 가족 중 한 사람의 부재에서 비롯된다. 누군가 세상을 떠났거나, 일하러 나갔거나, 나무하러 갔거나 고기를 잡으러 집을 떠난 상태이다. 이때 주인공에게 금지 명령이 내려진다. "아무와도 말하면 안 돼.", "저 상자를 열면 안 돼." 그러나 주인공은 이를 어기고 적대자에게 유리한 비밀을 제공하게 된다. 적대자가 모략을 꾸미고 주인공의 실수는 결국 적대자에게 유리한 상황을 만들어 적대자는 가족 중 일원에게 해를 끼친다. 이 사실을 알게 된 주인공은 문제를 해결하기 위해 집을 떠난다. 주인공은 증여자에게 시험이나 심문을 받기도 하면서 독수리, 말, 반지, 칼 등 신비한 능력을 지닌 동물이나 물건을 얻게 된다. 주인공은 적대자의 공간으로 인도되어 마침내 투쟁 단계에 들어간다. 이때 공주는 반지로 주인공의 얼굴에 상처를 내어 일종의 낙인을 찍는다. 적대자는 패배하고,

문제는 해소되어 주인공은 고향으로 돌아오지만, 그는 다시 쫓기는 신세가 된다. 주인공은 주어진 난제를 해결하고 이때 '낙인'에 의해 주인공의 정체가 밝혀지면서 가족과 재회한다. 결국 가짜 주인공의 정체가 폭로되고 주인공은 변신을 통해 새롭게 탄생한다. 적대자는 벌을 받고, 주인공은 공주와의 결혼을 통해 왕자의 지위에 오른다.

이처럼 주인공이 시련을 견디며 과업을 수행하고 이를 완료하여 보상을 받는 등장인물의 구성 방식은 어느 나라 어느 민담에서나 쉽게 찾아볼 수 있다. 〈바보 온달〉이나 〈삼손과 데릴라〉, 〈잠자는 숲 속의 공주〉와 같은 이야기는 이러한 보편적인 이야기 구조를 취하고 있다. 누구든지 민담을 소재로 한 이야기에 쉽게 빠져드는 이유는 바로 이와 같은 이야기 구조의 보편성 때문이다.

신화의 구조를 분석한 레비-스트로스에 따르면, 대부분의 신화는 야생적 사고/이성적 사고, 이성/감성, 합리성/비합리성과 같이 대립되는 짝패 구조를 이룬다고 한다.[60] 신화뿐만 아니라 설화와 전설, 민담, 소설에 등장하는 인물들 역시 대립의 전형을 보여 주는 경우가 많다. ≪장화와 홍련≫이나 ≪헨젤과 그레텔≫에서 아이들은 '선한 존재', 계모는 '악한 존재'로 대립각을 세우며, ≪지킬과 하이드≫에서 이성적인 '지킬'과 야성적인 '하이드'는 내적인 싸움을 벌인다.

이처럼 신화와 전설, 민담, 설화에 등장하는 인물들은 친밀한 존재로 우리에게 다가오며, 그 스토리는 어디선가 들어본 것처럼 익숙하다. 신화적 보편성은 비현실적인 존재나 신비함, 마법마저도 있을 법한 어떤 것으로 여기도록 만든다. 따라서 가장 보편적인 스토리텔링

이야말로 누구의 마음에나 가장 와 닿는 친숙한 스토리텔링이 될 수 있다.

가치와 이념 세우기

미키마우스, 미니마우스, 타잔, 신데렐라, 피노키오, 라이언 킹…….

월트디즈니가 제작한 애니메이션들이다. 디즈니는 환상적이고 꿈꾸는 듯한 동화 속의 세계를 스크린에 옮기는 것으로는 부족하여 디즈니랜드를 만들었다. 애초에 존재하지 않았던 세계가 실재하는 디즈니월드는 보들리야르의 용어를 빌리자면 '시뮬라크르'에 해당한다.[61] 재미와 환상, 마법이 상상과 어우러지고, 선과 행복을 지향하는 디즈니의 스토리텔링은 관객들의 기대를 저버리지 않았기 때문에 어른, 아이 할 것 없이 미지의 세계로 빠져들게 만든다. 디즈니의 애니메이션에는 사악한 세계와의 싸움에서 선은 늘 승리를 거두며, 행복한 결말을 이룬다는 낙관론이 깔려 있다. 더욱이 서구적 세련됨과 물질적 가치는 서구에 대한 막연한 동경을 지닌 비서구 국가의 국민들에게 강한 유혹으로 다가간다.

한국계 미국 풋볼 대스타 하인즈 워드는 디즈니의 캐릭터 미키마우스를 보며 꿈을 키웠다고 했다. 이처럼 연간 2억 명이 디즈니 영화를 보고, 매주 4억 명이 텔레비전에서 디즈니 쇼를 즐기면서 디즈니의 이념과 가치를 소비한다. 그러나 헨리 지루는 디즈니의 애니메이션이 사회 정의나 민주적 문화의 가치를 제대로 구현하지 못한다고 비판한다. 디즈니가 순수함을 무기로 내세워 가족 오락을 담당하고, 윤리적 가치와 사회적 실천의 한 가지로 아이들을 보호하며 교육시킨다고 강조하지만, 결국 시민적 가치와 상업적 가치를 디즈니의 언어에 의해, 디즈니의 의도대로 재정립한다는 것이다.[62] 디즈니의 애니메이션에 담긴 가치는 디즈니적 정의와 가치, 도덕성이다.

디즈니에 등장하는 섹시하고 사랑스러운 또는 우스꽝스럽고 바보같은 캐릭터들을 두려워해야 하는 이유는 바로 디즈니의 스토리텔링에 담긴 이러한 이데올로기의 위력 때문이다. 순수하고 맑은 얼굴로 인종에 대한 편견이나 성 차별을 부각시키거나 보수 우익의 메시지를 강조하는 디즈니의 이데올로기는 어느새 어린이들의 꿈을 지배하고 있다. 디즈니의 이야기에 배어 있는 디즈니의 이념을 글로벌하게 소비하고 있는 시대에 살고 있는 우리는 스토리텔링에 숨겨진 거짓과 진실, 현혹과 사명을 판단할 수 있는 시각을 갖추어야 한다.

스토리텔링의 목적은 메시지의 전달에 있다. 때로는 과장되게, 때로는 대조적으로, 때로는 유머러스하게, 때로는 여러 가지 방법을 복합적으로 사용하여 메시지의 핵심을 효과적으로 전달할 수 있어야 한다. 메시지는 특수한 내용과 함께 보편적인 내용이 포함되어야만 사람들의 공감을 얻을 수 있다. 이때 제목이나 이름을 붙이는 네이밍은 사람들의 호기심을 자극하여 이야기를 선택하는 데 중요한 역할을 한다. 따라서 이야기의 핵심을 알리면서도 흥미를 끌 수 있는 네이밍 작업이 필요하다. 스토리텔러는 단순히 이야기를 전해 주는 것이 아니라 가치와 이념을 스토리텔링 하는 사람이다. 올바른 가치관과 도덕성, 사회관, 경제관 등을 확립하여 정의롭고 신념에 찬 목소리를 낼 수 있어야 한다.

정부나 지방 자치 단체의 홈페이지를 찾아 현재 진행 중인 정책에 대해 알아

보자.

· 정책의 핵심 요소가 무엇인지 15자 이내로 요약해 본다.

· 핵심 요소를 바탕으로 정책의 이름을 짓는 '네이밍' 작업을 해 본다.

스토리텔링의 구성 전략

03

눈높이 맞추기

스토리텔링 작업에 들어가기에 앞서 고려해야 할 점은 '대상이 누구인가?'하는 것이다. 향유 계층이 유아인지, 아니면 아동이나 청소년, 성인인지에 따라 이야기를 구성하는 방식이 달라지기 때문이다. 자산 가치가 무려 3,893억 원에 이르는 인기 만화 캐릭터인 '뽀로로'는 '어린이들의 대통령', '뽀통령'으로 불리는 꼬마 펭귄이다. 이 꼬마 펭귄의 인기는 해를 거듭해도 사그라지지 않는다. '뽀로로'가 이처럼 성공할 수 있었던 것은 유아들의 눈높이에 맞춘 이야기와 캐릭터를 창작했기 때문이었다.

'뽀로로'를 만든 아이코닉스 사의 설립자인 최종일 사장은 유아들이 애니메이션을 좋아하지만, 정작 우리나라에 이들을 위한 만화는 없다는 것을 알고 타깃을 2~5세로 정하기로 하였다. 유아들이 집중할 수 있는 시간은 길어봤자 7분. 이 짧은 시간 안에 아기들의 흥미를 끌 수 있는 스토리 개발에 전념하였고, 그 결과 이 회사는 유아들을 위한 애니메이션 시장에서 주도권을 잡게 되었다.

일본의 애니메이션 〈에반게리온〉은 어린이나 청소년을 위한 만화가 아니라 영화를 보고 난 뒤 적극적으로 DVD와 OST 음반을 수집하는 성인 오타쿠를 주 타깃으로 하였다. 따라서 일반적인 애니메이션에서 보기 힘든 복잡한 감정 묘사나 가치관의 혼란과 같은 요소들이 오히려 관객들의 몰입을 유도한다. 성인 마니아층을 대상으로 한 다소 난해한 만화영화가 에반게리온의 신화를 이어가고 있는 것이다.

아기, 중년 여성, 기독교인 등 특정 계층을 공략하는 콘텐츠는 무엇보다 그 대상과 눈높이를 맞추는 것이 필요하다. 이야기를 시작하기에 앞서 타깃이 누구인지 먼저 따져 보아야 한다.

몰입 요소 심기

Born to Drive, 스바루
Real Driver
진정 달릴 줄 아는가? 그렇다면 지금 스바루를 경험하라.

일반적으로 자동차 광고는 럭셔리냐, 실속이냐의 두 가지로 나뉜다. 중형 이상은 고급스럽고 우아함을 강조하고, 소형 차량은 주로 경제성과 내구성을 강조한다. 그런데 이런 통념을 깬 자동차 광고가 등장해 눈길을 끌었다. 바로 속도를 내세운 스바루의 만화 광고 'Born to Drive'였다.

일본 자동차 스바루는 랠리의 명가로 통한다. 속도와 순발력, 적응력이 생명인 랠리. 보통 자동차 레이스가 폐쇄된 구간을 반복해서 도는데 비해 랠리는 포장된 도로에서부터 빙판, 사막, 험한 산길, 숲길 등 다양한 길을 며칠 동안 달리는 경주이다. 따라서 길의 굴곡이나 회전 각도를 짐작하기 힘들며, 예기치 못한 걸림돌과도 조우하게 된다. 일본 자동차 스바루는 메이저 자동차 회사는 아니지만, 이처럼 랠리에 강해 마니아층을 형성하고 있다. 2010년 5월, 우리나라에 첫선을 보인 스바루는 이 점을 부각시킨 만화 광고로 눈길을 끌었다.

드라이빙을 통해 속도감과 쾌감을 느끼며 자동차의 가치를 깨닫게 하기 위해 스바루가 도입한 카툰은 일본의 유명한 카레이싱 만화인 〈이니셜 D〉에서 모티브를 가져왔다고 한다. 이 만화에서 스바루 임프레자 WRX는 스피드를 통한 카타르시스를 느끼게 해 준다. 만화의 터치에서는 속도감이 느껴지며, 텍스트에서는 흥분과 기대, 만족감이 드러난다.

만화 스토리텔링을 통해 스바루는 기술과 자동차에 대한 철학뿐만 아니라 승부욕과 도전 정신, 첫사랑 달리나와의 추억까지 고스란히 전하면서 소비자의 이성과 감성을 동시에 자극한다. 스바루 코리아는 이처럼 만화 광고를 활용하여 적극적인 마케팅을 펼친 결과 소비자의 호감을 얻게 되었고, 2010년 조선일보 광고 대상 최우수 마케팅상과 중앙 광고 대상 New Style 부문 최우수상까지 거머쥐게 되었다.

탄탄한 플롯 구성하기

스토리텔링이 사람들을 변화시키기 위해서는 무엇보다 스토리가 탄탄해야 한다. 기업들은 브랜드나 CEO를 스토리텔링하고 도시들은 도시의 이미지나 역사를 스토리텔링하고 있지만, 정작 그 내용을 보면 근간이 미약하거나 유치하고, 형식적인 내용들로 가득 차 있는 경우가 적지 않다. 구성이 치밀하고 마음에 와 닿는 스토리, 역동적이며 변화 가능성을 지닌 스토리만이 사람들의 마음을 붙잡을 수 있다.

플롯은 스토리 그 자체가 아니라 스토리를 효율적으로 배치하고, 전개해 나가면서 사람들의 몰입을 유도하는 장치라고 할 수 있다. 스토리는 시간의 흐름에 따라 사건을 배치하는 데 반해, 플롯은 복선을 깔거나 반전을 내세워 시간과 사건의 층위를 조절하며 다양하게 구성한다. 우리가 슈퍼에 들어갔을 때, 물건이 보기 좋게 일렬로 진열된 것이 스토리라면, 플롯은 잘 팔리는 물건은 손닿기 쉬운 곳에 가득 쌓아 놓고, 잘 찾지 않는 물건은 위에, 세일을 하거나 새로 나온 물건은 가장 눈에 띄기 쉽도록 진열해 놓은 것에 비유된다. 들쑥날쑥하게 멋대로 던져 둔 것이 아니라 다소 복잡해 보이지만, 나름대로의 규칙에 따라 각기 제자리를 잡고 있는 것이다.

플롯이 탄탄해지기 위해서는 일반적으로 '3의 법칙'이 효과적이라고 알려져 있다. 특히 비주얼 스토리텔링에서 이 원칙은 장면과 등장인물, 스토리에 모두 해당된다고 한다. 3의 법칙에 따라 시작, 중간, 결말의 순서로 이야기가 전개되면, 등장인물의 행동 역시 이 법칙에 따라 움직인다. 예를 들어 '웃기는 상황'이 설정되면 이것이 '강화'되고 끝으로 '비틀거나 뛰어넘어 되돌려 주는' 방식이다.[63]

3은 어디에도 치우치지 않고, 균형을 잡는 숫자이다. 이와 같은 3의 법칙은 시작, 중간, 결말의 구조뿐만 아니라 서론, 본론, 결론의 구조나 정, 반, 합의 변증법적 구조에도 모두 적용될 수 있다. 플롯 구성에 있어서도 때로는 3의 법칙을 단순화시켜 전반부와 후반부로 나눠진 2부 구조를 도입하기도 한다. 좀 더 복잡하게 '기승전결'이나 '발단, 전개, 위기, 절정, 결말'로 세분화시킨 플롯도 종종 볼 수 있다. 더 세분화하면 각 단계별로 계속 분할해가는 매우 복잡한 구성도 가능하다.

짜임새 있는 플롯을 만들기 위해서는 우선 등장인물과 시간적 배경, 공간적 배경을 설정해야 한다. 그런 다음, 관객의 몰입을 유도하기 위해 등장인물이 뭔가 특별한 행위를 할 수 있는 사건이나 이벤트를 만든다. 하나의 스토리가 완결성과 통일성을 갖고 창조되기 위해서는 등장인물의 행위에 반드시 인과 관계가 성립하여야 한다. '왜 그가 이 말을 하지?', '왜 그녀가 이런 행동을 할까?'라는 질문에 정확하게 답을 할 수 없다면, 그런 장면은 군더더기가 될 수밖에 있다. 이야기가 전개될 때, 어떤 인물이든 아무런 의도 없이 무의미한 행동이나 말을 하는 경우는 없다. 따라서 이야기를 구성할 때, 플롯과 등장인물의 패턴을 만들면, '등장인물의 행동 전체를 이끌 추진력'이 생기기 때문에 유용하다. 등장인물의 패턴은 '등장인물에게 의도와 동기를 부여할 역동성'이 생기도록 한다. 즉, 스토리가 행동과 반응의 패턴을 가지고 있으면 플롯이 된다.[64]

학자들은 저마다 훌륭한 플롯을 구성하기 위한 전략을 제시하고 있다. 김정희는 보편성, 참신성, 완결성을 주요 요소로 들고 있다. 보편성은 '쉽고 친숙한' 이야기를 들려주는 것이며, 참신성은 '좀더 '새롭고 낯선 형식'의 이야기를 꺼내는 것이고, 완결성은 '논리적 결합'을 강조하여 '좀 더 명료한 의미 전달과 미적 즐거움을 부여'하는 것을 의미한다.[65]

칩 히스와 댄 히스는 플롯을 '도전 플롯', '연결 플롯', '창의성 플롯'의 세 카테고리로 분류한다.[66] 도전 플롯은 에베레스트를 등정하는 실버 원정대나 대학 강단에 서는 노숙인처럼 겉으로 보기에는 연약하지만, 자신의 의지로 성공을 거두거나 고난을 이겨내는 이들의 강인한 스토리를 말한다. 연결 플롯은 종교와 상관없이 아프리카 오지에서 의술을 펼치는 신부의 이야기처럼 인종이나 직업, 국가, 나이, 성별 등의 차이를 극복하고 대립되는 집단 간의 반목을 조정시키는 '관계'를 골자로 한다. 창의성 플롯은 모나리자의 미소나 최후의 만찬에 담긴 미스터리를 새로운 방식으로 풀어내는 것과 같이 독창적이고 다양한 시각으로 해결책을 찾아가는 내용을 담고 있다.

이야깃거리가 있을 때, 등장인물과 배경을 정하고, 여러 가지 사건을 만들어 다양한 플롯 전략을 적용해 보는 훈련을 계속한다면, 좀 더 짜임새 있게 구성할 수 있을 것이다.

Point

효과적인 스토리텔링을 위해서는 타깃이 누구인지 파악하고, 그들과 눈높이를 맞추는 전략을 세워야 한다. 특히 관객을 콘텐츠 속으로 빠져 들도록 하려면 대상의 다양한 관심과 취향을 반영하여 곳곳에 몰입 요소를 심어야 한다.

이와 함께 좋은 플롯을 구성하는 작업이 필요하다. 좋은 플롯은 구성이 치밀하며, 각 등장인물에 어울리는 사건이 일어나게 한다. 따라서 이야기가 주제를 향해 나아가되 지루하지 않도록 과업의 수행이나 장애의 극복, 악행과 같은 요소를 적재적소에 배치해야 하며, 이 모든 것이 개연성과 통일성을 지니도록 구성하여야 한다.

얼마 전 대만의 한 고위 관료가 아리따운 중국 여 간첩의 유혹에 빠져 무려 7년 동안 대만의 주요 군사 기밀을 중국에 넘겨 준 사건이 있었다. 태국에서 무관으로 근무할 때 포섭된 대만의 뤄셴저(羅賢哲) 소장은 이후 여간첩과의 달콤한 사랑을 즐겼을 뿐만 아니라 정보를 제공한 대가로 매번 10만 달러 이상의 현금까지 받았다고 한다.[67]

이 내용을 '3의 법칙'에 따라 구성해 보자.

진실을 스토리텔링하라 ₀₄

스토리텔링에 대한 오해

스토리텔링이 트렌디한 용어가 되면서 스토리텔링이나 스토리텔러의 개념을 지나치게 좁게 해석하는 경우를 종종 보게 된다. 삼성에서 활용하고 있는 '삼성스토리텔러'는 '삼성전자의 다양한 소식과 스토리를 취재하고 발굴하여 많은 사람들에게 삼성전자의 이야기를 재미있게 전달하는 홍보대사'라고 설명한다. 홍보대사나 홍보단이라고 하면 될 것을 굳이 '스토리텔러'라는 용어를 갖다 붙인 것이다.

유니버설과 소니 영화사의 사장을 지낸 엔터테인먼트 업계의 대부 피터 구버(Peter Guber)는 아이러니하게도 스토리텔링은 진실을 담고 있어야 한다고 강조한다. 〈레인맨〉, 〈칼라 퍼플〉, 〈티벳에서의 7년〉,

〈와일드 씽〉과 같은 많은 영화를 기획하고, '맨달레이 엔터테인먼트 회사'를 운영하고 있는 그가 왜 진실을 주장하는 것일까? 엔터테인먼트와 진실이 어울리기나 할 법한가?

영화나 방송 프로그램을 제작하기 위해 사람들을 설득하고 이야기를 창조해 내면서 그가 얻은 결론은 진실만이 통한다는 사실이었다. 피터 구버는 쿠바의 하바나 하버를 촬영하기 위해 피델 카스트로와 면담을 신청했을 때, 단 10분의 시간을 허락받았다. 그는 촬영 장비를 쭉 늘어놓고 각각의 장비로 어떤 장면을 찍을 것인지 즉흥적으로 이야기했다. 카스트로는 무려 4시간 동안 그의 이야기를 들었고, 이때 구버는 진실한 스토리텔링의 위력을 실감하게 되었다고 한다.

그는 일반적으로 스토리텔링에 대해 두 가지 오해가 있다고 말한다.[68]

첫 번째 오해는 많은 사람들이 스토리텔링의 'Fun'한 요소에 무게 중심을 두어 엔터테인먼트와 스토리텔링을 연관지어 생각한다는 점이다. 그러나 피터 구버는 스토리는 즐거움을 줄 뿐만 아니라 가르치기도 하는 것이며, 오랫동안 인간 문화의 일부로서 선도적인 역할을 해 왔다고 주장한다. 놀라운 결과를 이끌어 내는, 세상에서 가장 강력한 도구인 스토리텔링은 행동 지향적이며, 따라서 꿈을 목표로 향하게 하고 결과를 이끌어 내는 힘을 지녔다는 것이다.

두 번째 오해는 많은 사람들이 스토리텔링을 진실과 반대되는 어떤 것으로 가정한다는 점이다. 이 관점에서 본다면 훌륭한 스토리텔러는 진실에 뿌리를 두지 않고 단지 재미를 주기 위해 허풍을 떠는 사람이 될 것이다. 특히 겉만 번지르르한 채 우리를 현실 도피의 세계로 인도하는 할리우드의 이미지는 이런 가정이 잘 들어맞는 것처럼 보인다. 그러나 피터 구버는 훌륭한 스토리텔링은 진실과 충돌하지 않으며, 스토리와 텔러의 통일성이 중요하다고 강조한다.

피터 구버가 말하는 스토리텔링에 관한 두 가지 오해

1. 스토리텔링≒엔터테인먼트
2. 스토리텔링≠진실

부시의 거짓말과 세헤라자드 전략

2001년 미국의 최고 수반이 된 데 이어 재선까지 성공한 조지 부시는 특히 이야기를 강조한 대통령이었다. 2006년 11월, 부시 정부는 이라크 전쟁으로 인해 어려웠던 상황을 '세헤라자드 전략'으로 모면하고 재선에 성공하였다.[69] '세헤라자드'는 천일야화에 등장하는 비운의 왕비로 죽음을 면하기 위해 천일 밤 동안 왕에게 재미있는 이야기를 들려주는 인물이다. '세헤라자드 전략'이란 세헤라자드 왕비가 그랬던 것처럼 흥미를 끄는 이야기로 국민들을 마취시키는 전략을 말한다.

조지 부시를 위해 일한 홍보 전문가들은 그의 알코올 중독 병력을

'알코올과 싸워 이긴 강한 정신력의 소유자'인 부시를 부각시키기 위한 소재로 사용하였으며, 9·11 테러를 악에 대한 응징의 발판으로 삼아 국민들의 지지를 이끌어 내는 기회로 이용하였다. 부시 정권에서 홍보를 담당했던 칼 로브는 조지 부시의 재선 당시 '미국적 상상력의 거대 집단 신화'를 환기시키며 유권자들의 관심을 전쟁의 책임이 아닌 다른 곳으로 돌렸고, '환상의 정치'로 간주되는 '스토리텔링'의 영향 아래 정치적 역량을 마음껏 발휘한 뒤 물러났다.[70]

칼 로브는 부시 정부의 모든 정책과 제도를 이야기로 풀어냈으나 그 대부분은 거짓인 것으로 드러났다. 그는 이라크 전쟁에 대해 선과 악의 대결이자 미국이 불행에 빠진 이라크 국민들을 구하는 영웅적인 전쟁이라고 스토리텔링 하였다. 당시 미국인들은 이 이야기를 철썩같이 믿었고, 여론 조사에서는 절반이 넘는 국민들이 이렇게 믿고 있는 것으로 나타났다. 그러나 시간이 지나면서 사람들은 진실을 깨닫게 되었고, 부시는 국민들의 기억 속에 최악의 대통령 가운데 한 사람으로 남게 되었다.

세헤라자드는 먼저 자신이 살고, 이어 다른 불쌍한 여성들을 살리고, 최종적으로 왕의 잘못된 생각을 바로잡기 위해 매일 밤 이야기로 왕을 설득했다. 그러나 오늘날 정치인들은 헛된 권력을 유지하기 위해 국민을 현혹시키고, 끝나지 않을 것 같은 거짓 이야기를 지어낸다. 그럴 듯하게 포장된 스토리텔링으로 국민들을 기망하는 것이 언제까지나 지속될 수 있을까? 역사의 평가는 준엄하고 때로는 냉혹하기에 정치인들은 순간의 눈가림으로 진실을 가릴 수 없다는 사실을 기억해야 한다.

스토리텔링의 4가지 진실[71]

스토리텔러에 대한 진실

스토리텔러에게 요구되는 자질 중에서 가장 중요한 것이 '진정성(authenticity)'이다. 자신의 행동이나 말, 관계, 돈 씀씀이……. 이 모든 것은 그의 스토리와 일치해야 하며, 스토리 안에 자신의 가치를 포함시켜야 한다. 자신에게 진실하다는 것은 감정을 드러내고 이를 사람들과 공유하는 것을 의미한다. 모든 스토리텔러는 자신이 느끼는 것 그대로 독자와 관객이 느끼기를 바라지만, 감정의 일치를 경험하기가 쉽지 않다. 이것을 가능하게 하기 위해서는 자신이 앞서서 경험하고 생각하고 느껴야 한다. 사실 자신을 온전히 드러내기란 두려운 일이다. 자랑스러운 것뿐만 아니라 비겁한 것, 무책임한 것, 불성실한 것, 비도덕적인 것까지 까발리는 것은 많은 사람 앞에서 벌거벗고 춤추는 것과 마찬가지로 창피스럽고, 겁나는 일이다.

관객에 대한 진실

많은 사람들이 스토리텔러에게 시간을 내 주는 것은 자신의 시간을 현명하게 써 줄 것이라는 기대와 이해가 일치하기 때문이다. 이것이 바로 스토리텔러와 관객 간의 '암묵적인 계약(implicit contract)'이다. 훌륭한 스토리텔러가 되기 위해서는 관객의 호기심과 관심을 파악하는 데 시간을 투자하며, 좀 더 진실하게 관객 옆으로 다가가기 위한 노력을 기울여야 한다. 그들의 요구에 부응하는 '감성적인 여행(Emotional Journey)'을 시작하기 위해 자료를 모으고, 사람들을 만나며, 확인하고 창조하는 작업이 필요하다.

스토리텔러는 자신이 체득한 진실에 바탕을 둔 스토리를 관객에게 전달하고, 관객의 반응을 보며, 상호작용하면서 스토리를 완성해 간다. 관객의 기대를 넘어서는 가치 있는 스토리는 감동 그 이상의 몰입과 변화를 가져다 준다. 스토리텔링의 창작은 스토리텔러 한 사람에 의해서가 아니라 많은 사람의 기대와 참여가 모여 이루어진다는 것을 알아야 한다.

순간에 대한 진실

'하나의 이야기를 같은 방식으로 두 번 전달하지 않는 것'이야말로 훌륭한 스토리텔러의 재능이다. 따라서 훌륭한 스토리텔러가 되기 위해서는 매 순간 새롭고 독창적이며, 유일한(unique) 것이 무엇인지 찾아내야 한다. 똑같은 사람과 똑같은 사물을 보더라도 다른 각도에서 새롭게 보는 훈련이 필요하다. 수십 번, 아니 수백 번씩이라도 곱씹으며, 덧붙이고 잘라내고 변형시켜 더욱 참신한 스토리로 발전시킬 수 있어야 한다.

사명에 대한 진실

때로는 불편한 진실도 있다. 엘 고어의 '불편한 진실'은 우리가 덮고 싶어 하는 환경의 재앙을 적나라하게 보여 준다. 그래서 불편하지만, 진실이다. 위대한 스토리텔러는 자신의 모든 것을 바치고 싶은 위대한 가치를 지향한다. 따라서 사명을 수행하기 위해서라면 사람들이 듣고 싶어 하는 말만 할 것이 아니라 때로는 껄끄럽고 괴로운 이야기일지라도 거침없이 할 수 있어야 한다. 스토리텔러가 지향하는 사명은 지역적인 것이거나 국가적인 것에서부터 전 지구적인 것에 이르기까지 다양하다. 굶주리는 북녘 동포에 대한 사랑, 전쟁을 멈추고 평화의 꽃을 피우는 것, 동물 학대를 반대하는 것, 미혼모와 그 아이들을 돌보는 것과 같은 가치는 스토리텔러의 이야기 안에 녹아들어 사람들에게 전해진다. 재미 안에, 감동 안에, 슬픔이나 공포 안에 포함된 가치를 접하게 될 때 사람들은 그 가치를 위해 함께 움직이려는 사명감을 느끼게 된다.

피터 구버가 말하는 스토리텔링의 진실

1. 스토리텔러에 대한 진실(Truth to the teller)
2. 관객에 대한 진실(Truth to the audience)
3. 순간에 대한 진실(Truth to the moment)
4. 사명에 대한 진실(Truth to the mission)

브랜디는 그의 저서인 ≪작가 수업≫에서 작품이 일관성을 지니기 위해서는 엄격한 정직성이 밑바탕에 깔려 있어야 한다고 강조하였다. 작가가 자신의 참모습에 눈을 뜨고, 삶의 중요한 문제들에 있어 자신이 진정으로 믿는 것이 무엇인지를 발견한다면 솔직하고 독창적이면서 독특한 이야기를 쓸 수 있다는 것이다.[72]

비록 이야기 자체는 허구라 하더라도 그 이야기의 뿌리에는 반드시 진실이 포함되어 있어야 한다. 인간에 대한 연민, 정의에 대한 신념, 평화에 대한 염원 등 진정성과 진실이 스토리텔링될 때, 작가와 관객은 이야기의 세계 속에서 공존하게 될 것이다.

Training

진실에 다가가는 훈련

01. 나에 대한 진실

살아오면서 가장 부끄러웠던 일은 무엇이었는지 떠올려 보고, 친구나 가족에

게 이야기한다.

02. 상대방에 대한 진실 탐구

지금 현재 내가 가장 사랑하는 사람이 원하는 것이 무엇인지, 듣고 싶은 이야

기가 무엇인지 탐색해 본다.

03. 순간에 대한 진실

'나의 이야기'를 새로운 방식으로 다른 사람에게 전달해 보자.

04. 사명에 대한 진실

내가 헌신할 만한 가치는 무엇일까? 나에게 주어진 사명은 과연 무엇일까?

05

새로움으로 이야기를 입혀라

브랜드 스토리 마케팅

브랜드란 사람, 기업, 도시, 국가 등을 대표하는 것으로, 신뢰와 기대를 담고 있다. 비슷한 소재, 비슷한 디자인의 트렌치코트라 하더라도 어떤 브랜드인지에 따라 고객의 선택은 달라진다. 고객은 브랜드가 지닌 이미지에 따라 지갑을 열 것인지, 말 것인지를 결정하게 되는데, 이때 이미지는 브랜드에 얽힌 스토리가 어우러져 만들어진다. 제품이나 회사의 지향에 대한 광고나 캠페인, CEO나 직원들에 대한 기사, 방송 프로그램, 광고, 체험 사례를 올린 고객들의 블로그나 미니홈피의 글, 제품의 품질과는 상관없는 회사의 사회 공헌 활동 같은 것들이 모여 한 회사의 이미지를 만들게 되고, 이는 곧 브랜드 이미지로 굳혀지게 된다.

브랜드 자체는 제품과 소비자의 중간적 존재이지만, 브랜드 속의 이야기는 제품과 소비자 간의 '관계 맺기를 위한 도구'가 된다. 브랜드스토리는 소비자와 제품과의 커뮤니케이션 관계를 올바르게 형성하기 위해 서로를 강력하게 연결하는 역할을 한다.[73]

어떤 브랜드의 이야기를 들으면 소비자는 과거에 대한 향수를 느끼거나 미래에 대한 꿈으로 부풀게 된다. 감성적으로 연결된 고리를 찾게 되면, 소비자는 주저 없이 브랜드를 소비할 수 있다. 이처럼 소비자의 감성에 호소하는 브랜드스토리는 기업의 이미지를 꾸미고, 제품의 가치를 높이는 데 중요한 역할을 담당하고 있다.

어떻게 하면 브랜드의 이미지를 좋게 하는 스토리를 창조해낼 수 있을까? 이는 브랜드의 히스토리, 소비자의 브랜드 경험, 스토리 콘텐츠 전략을 통해 가능하다.[74]

 **브랜드스토리 마케팅 핵심 전략**

1. 브랜드의 역사

제품의 탄생이나 창업자, 브랜드 네이밍에 얽힌 뒷이야기를 스토리로 구성하여 각 매체를 이용하여 알린다. '롯데'라는 브랜드의 네임은

괴테의 ≪젊은 베르테르의 슬픔≫이라는 책을 읽고 감명을 받은 기업주가 여 주인공인 샤롯데의 이름에서 가져다 붙인 것이다. 낭만적인 사랑의 이미지가 브랜드 전체에 깔려 있다.

2. 소비자의 브랜드 경험

총알이 날아다니는 베트남의 전쟁터에서 한 병사가 총을 맞고 쓰러졌다. 이때 그가 지니고 있던 지포 라이터에 총알이 박히면서 병사는 기적같이 살 수 있었다. 라이프 잡지에 이 이야기가 실리면서 지포 라이터는 유명세를 타게 되었고, 당시 병사들은 자신을 지켜 주는 수호신처럼 지포 라이터를 몸에 지니고 다녔다고 한다. 한 병사가 겪은 이야기가 〈LIFE〉라는 매체의 기자를 통해 기사로 스토리텔링되면서 지포 라이터가 '생명'을 지니게 된 것이다. 이처럼 소비자의 입을 통해 전해지는 이야기는 훨씬 더 신뢰감을 주며, 파급력도 크다. 기업들이 앞다투어 고객 체험단과 방문단을 모집하거나 고객이 직접 제품을 사용한 뒤 작성하는 우수 리뷰를 활용한 체험 마케팅이 활발해지는 것도 이 때문이다.

3. 스토리 콘텐츠

이야기가 있는 제품은 고객들에게 훨씬 감성적으로 다가간다. 국순당은 막걸리로 유명한 회사다. 이 회사의 대표 브랜드인 백세주는 1990년대 중반 스토리 콘텐츠를 제공하며 주류업계를 장악했다. 이 회사는 음식점에 주류를 납품하면서 무료 차림표를 만들어 줬다. 차림표에는 젊은이와 노인에 관한 이야기가 적혀 있었고, 술병의 뒷부분에도 실렸다.

재미있는
백세주 이야기

한 선비가 길을 가던 중 청년이 노인을 때리고 있는 것을 보고 "어찌 노인을 때리는가"하고 꾸짖자 청년이 "이 아이는 내가 여든 살에 본 자식인데, 그 술을 먹지 않아 나보다 먼저 늙었소"하여, 선비가 청년에게 절하고 그 술을 물은 즉, "구기자와 여러 약초가 들어간 구기 백세주"라 하였다.

전래 동화집에 나올 법한 이 이야기는 조선시대 실학자 이수광의 지봉유설에 나오는 '구기 백세주' 설화에서 따온 것이라고 한다. 누구나 젊고 건강하게 장수하고 싶은 욕망이 있다. 과장과 풍자, 해학이 넘치는 전통 이야기를 통해 술의 효험을 강조한 백세주의 스토리텔링은 많은 이들의 머릿속에 깊이 박히게 되었고, 백세주의 브랜드를 널리 알리게 되었다. 전설이나 민담, 신화를 활용한 브랜드의 창의적인 스토리텔링은 고객의 감성을 자극하며, 친밀감을 주고, 제품의 가치를 높여 준다.

추억과 정을 파는 시장 스토리텔링 전략

전통 시장의 스토리텔링은 어떻게 해야 할까?

전통 시장의 스토리텔링 전략은 대략 다섯 가지 정도로 세워볼 수 있다.

· 시장의 유래에 관한 이야기

· 상인과 가게의 이야기

· 단골의 이야기

· 시장의 특성에 관한 이야기

· 새로운 이야기의 창조

첫 번째는 시장의 유래에 관한 이야기이다. 시장이 언제, 어떻게 세워졌으며, 어떠한 고난과 영광의 역사가 있었는지를 이야기한다. 시장의 역사에 얽힌 유물을 모아 작은 박물관을 만드는 것도 좋을 것이다.

성남의 모란장은 우리나라에서 가장 유명한 5일장 가운데 하나이다. 4일과 9일에 열리는 모란장은 시장이 언제 생겼는지 명확하지는 않지만, 1960년대 초반에 형성되어 1970년대 발전한 것으로 추측하고 있다. 1960년대 초 육군 대령 출신 김창숙이 이끄는 '모란 개척단'의 활동으로 현 모란 예식장 주변에 세워졌고, 1970년대와 1980년대를 거치면서 두 차례 이전하였다. 1990년 9월 24일 지금의 자리인 버스 터미널 뒤편 단대천 복개터 위에 장터를 마련한 이래 지금까지 내려오고 있다.[75] 모란장의 역사가 그리 오래되지 않았고, 육군 대령 출신이 군사 작전을 수행하듯 장을 개척하였다는 점이 흥미롭다. 모란장에 가면 그 흔적을 엿볼 수 있을까?

두 번째는 상인과 가게에 관한 이야기이다. 세대를 이어가거나 유명인이 방문하였던 상점의 이야기를 발굴한다.

수원의 못골 시장은 팔달문 시장, 영동 시장, 지동 시장의 관문으로, 골목에 빼곡히 들어섰던 노점상들이 장을 이루게 되었다고 한다. 못골 시장은 정겨운 이름만큼이나 정감어린 미소와 사연들이 오가는 곳이며, 전통 시장의 가치를 지켜나가는 동시에 변화를 수용하는 역동적인 장소이다. 이곳은 상인들의 이야기를 엮은 《우리는 못골 시장 라디오 스타》라는 책으로도 잘 알려져 있다. 작가들이 3개월 동안 시장 상인 90여 명을 일일이 인터뷰하고 사진을 찍으면서 만든 책이다. 말쑥하게 양복을 입고 건어물을 파는 완도상회 이충환 씨는 고향인 완도에서 직접 해물을 가져다가 파는 철저한 장인 정신의 소유자다. 시장 입구에 자리 잡은 할머니 야채 가게는 너무 좁아서 물건을 제대로 펼쳐 놓기도 힘들지만, 이규덕 할머니는 이곳에서 30년 동안 야채를 팔며 살아왔다. 부모 없이 자란 어린 시절의 외로움과 일찍 세상을 떠난 남편을 향한 그리움, 악착같이 벌며 보란 듯이 키워 낸 3남매에 대한 절절한 사랑이 모두 녹아 있기에 못골 시장은 이규덕 할머니에게는 삶 그 자체라고 해도 과언이 아니다. 또 한 명의 못골지기 김승일 씨는 못골 시장의 아들이다. 못골 시장에서 나고 자란 김 씨는 '아들네 야채가게'와 분식집 '쉼터'를 운영한다. 그의 분식집 '쉼터'는 시장 사람들의 사랑방이자 장보러 나온 이들의 약속 장소이다. 그런가하면 '옛고을 떡집(떡 익는 마을)'의 유재성 씨는 떡맛을 데이터베이스화하며 4대째 맛과 기술을 이어가고 있다.[76]

  이러한 상인들에 관한 이야기는 파는 사람과 사는 사람의 벽을 허물며 인간적으로 가까이 다가설 수 있도록 한다. 추우나, 더우나, 비가 오나, 눈이 오나 삶의 터전을 묵묵히 지키며 살아가는 상인들의 이야기는 고객들에게 큰 감동을 안겨 준다.

  세 번째는 시장의 단골 손님에 관한 이야기이다. 사실 이 부분은 어느 시장이나 부족한 콘텐츠라고 할 수 있다. 전통 시장의 가장 큰 특징은 단골이 있다는 것이다. 단골은 특별한 손님이다. 주인과 단골 손님은 서로 세상 살아가는 이야기를 나누며 감성을 교류한다. 이들의 관계는 정이 두텁고 끈끈하며, 그 사이에 오가는 말들은 서로에게 위로와 격려가 된다. 단골의 이야기를 잘 발굴해 낸다면, 시장에 유익한 스토리텔링으로 활용할 수 있을 것이다.

  네 번째는 시장의 특성에 관한 이야기이다. 금산의 약령 시장은 인삼과 한약재로 유명하고, 백암장은 전통 순대로 유명하다.

프랑스의 수도 파리에는 오랜 역사를 자랑하는 우표 시장, 꽃 시장, 새 시장 등 특색 있는 전통 시장이 관광객들을 유혹한다.

마지막으로 이야기의 보고인 시장은 끊임없이 새로운 이야기를 만들어 내야 한다. 2011년 부산일보 신춘 문예의 동화 부문 당선작 ≪안녕, 미쓰 자갈치≫(최혜림)는 자갈치 시장을 소재로 한 동화이다. 작가의 어린 시절, 놀이터이자 꿈터였던 시장에서 할머니는 20년 넘게 실비집을 하며 아빠를 키웠다고 한다. 자갈치가 키운 한 아이는 자라서 작가가 되었고, 어린 시절 추억을 바탕으로 '자갈치 시장'의 새로운 이야기를 만들어 낸 것이다.[77]

비주얼의 종합 예술, 패션 스토리텔링

개성, 모방, 창조, 질투, 성공, 좌절……. 패션계에는 갖가지 이야기들이 넘쳐난다. 인간의 기본 욕구 가운데 하나인 '옷입기'가 오히려 인간을 지배하고 인간을 넘어서려 하고 있으니 참으로 아이러니다. 우리는 옷차림새로 사람의 취향과 성격을 판단하려 하며, 옷을 통해 세상과 커뮤니케이션하고자 한다. 옷입기는 이제 옷을 통해 자신의 감정과 기분, 의사를 표현하는 수단이 되고 있기 때문에 패션의 중요성도 그만큼 커졌다.

패션은 영화나 애니메이션과 마찬가지로 비주얼 스토리텔링에 속한다. 개인의 개성을 표현하는 상징으로서 시각적 이미지가 중시되며, 이때 패션이 담고 있는 스토리는 타인과의 소통에 중요한 단서를 제공하게 된다.

그렇다면 패션의 스토리텔링은 어디에서 시작되고 어느 지점에서부터 영향을 미치는 되는 것일까? 정답은 모든 부분이 다 스토리텔링이라는 것이다. 패션과 스토리텔링은 떼려야 뗄 수 없는 관계이며, 그 형태는 다양하게 나타난다. 브랜드, 디자인, 디자이너, 패션쇼, 재료, 색상, 모델, 카탈로그, 소비자에 이르기까지 모두 스토리텔링에 관여한다. 또 패션쇼의 구상 단계에서부터 쇼가 끝날 때까지 스토리텔링은 패션의 중심에 있게 된다.

몇 번이나 영화로 만들어진 세계적 패션 디자이너이자 명품 브랜드의 대명사가 된 '코코 샤넬'과 하얀 옷만 입고 다니며 환상적인 디자인으로 여심을 사로잡았던 '앙드레 김'의 옷에는 디자이너의 혼과 영감이 그대로 묻어 있다. 어떤 브랜드의 옷을 입는다는 것은 곧 어떤 디자이너의 삶을 입는 것과 마찬가지다.

디자이너들이 무대에서 작품을 발표하는 패션쇼는 음악, 의상, 모델, 무대, 조명, 안무의 콘셉트가 완벽하게 조화를 이루어 완성되는 종합 예술 작품과도 같다. 패션쇼는 예술성과 대중성을 동시에 지녀야 하는데, 근래 들어서는 일상생활과 밀접한 장소에서 패션쇼가 열리기도 한다. 시장이나 백화점, 길 한복판에서 열리기도 하며, 전문 모델이 아닌 친숙한 스타나 평범한 일반인들을 무대에 세우기도 한다.

프랑스에서는 유명한 카페나 박물관에서 쇼가 열리는 경우도 있다.

최근 패션쇼나 패션 디자인을 할 때 스토리텔링 기법을 활용하는 사례가 늘어나고 있다. 아이디어를 구상하고 기획하여 시놉시스를 짜고, 내용을 담은 시나리오를 작성하여 제품을 발표하고 평가한다. 이러한 단계를 거치면서 패션 스토리텔링은 더욱 알차게 다져진다.

그렇다면, 패션쇼를 구성할 때 스토리텔링을 활용하기 위해서는 어떻게 해야 할까?

패션쇼 스토리텔링 단계[78]

1. 스토리를 탐색한다(소재 수집/분석).
2. 패션쇼 주제 및 콘셉트를 설정한다(디자인 콘셉트와 연계된 주제 및 콘셉트).
3. 스토리를 기획한다(콘셉트 설정, 전개 방향 설정).
4. 패션쇼 기획 방향을 설정한다(목적과 의도 설정, 시놉시스 작성).
5. 스토리를 구축한다(캐릭터/배경 설정).
6. 패션쇼를 연출한다(요소 설정, 연출 구성 방법).
7. 스토리텔링한다(보여 주기, 공유하기).
8. 패션쇼를 진행한다(리허설, 최종 체크, 패션쇼 상연).

상품이나 브랜드, 장소는 항상 새로운 이야기를 준비해 두어야 한다. 진부한 이야기는 고객의 지갑을 열거나 발길을 붙들지 못한다. 미처 하지 못한 이야기, 비밀스런 옛 이야기, 새로운 관계 등을 재미있는 수다로 풀어낼 때 파는 사람과 사는 사람, 이야기하는 사람과 듣는 사람 간의 경계는 허물어지고, 관계는 더욱 돈독해진다. 감성적이고, 낭만적이며, 인간적인 스토리텔링을 통해 마음을 붙잡고 끈끈한 관계를 만들어야 한다.

01. 유튜브(Youtube) 사이트에 접속하여 패션쇼를 찾아보고, 전체적인 진행 방식을 이해한다. 그런 다음, '골드'를 소재로 하여 패션쇼의 스토리텔링 단계에 따라 작업을 진행해 보자.

02. 전통 시장을 다녀온 뒤 이 느낌을 살려 짤막한 동화를 한 편 지어 보자.

· 아이의 눈으로 바라보는 시장의 풍경

· 시장에서 생긴 에피소드

· 인상적인 가게와 가게 주인의 모습

06

변화를 앞서가라

인터넷 공감 세대를 겨냥한 웹툰 스토리텔링

　대학을 중퇴하고 편의점에서 아르바이트를 하며 최저 임금을 받는 44만 원 세대로 살았던 지강민 씨는 2년 6개월 동안의 경험을 웹툰에 녹여 만든 〈와라! 편의점〉이라는 작품으로 일약 스타 작가의 반열에 올랐다.

　웹툰이란 '웹(web)'과 '카툰(cartoon)'의 합성어로 두루마리 형식의 스크롤바를 따라 내려가며 내용을 볼 수 있기 때문에 '스크롤 만화'라고 불리기도 한다. 작가는 매주 정해진 요일에 무료로 웹툰을 올리는데, 인기를 검증받게 되면, 만화책으로 출판되거나 영화, 뮤지컬, 드라마로 제작되는 행운을 얻게 된다. 그렇지만 그 자리에 오르기까지는 꾸준히 노력해야 한다.

지강민 씨의 웹툰 〈와라! 편의점〉은 2008년 7월부터 포털사이트 네이버에서 연재되었는데, 누적 조회수 4억 회, 한 편당 조회수가 200만 번에 이르는 인기를 누렸다. 도대체 〈와라! 편의점〉의 어떤 요소들이 네티즌의 마음을 사로잡았던 것일까?

 **웹툰 〈와라! 편의점〉의 Fun한 스토리텔링**

1. 캐릭터

이 작품에는 아르바이트생 혜연, 은아, 민준이 등장하는데 이들 세 주인공을 중심으로 걸 그룹의 광팬인 중년의 점장과 손님들이 함께 이야기를 엮어간다.

간혹 편의점의 물건들도 사랑의 기쁨과 이별의 아픔, 2인자의 서러움을 느끼는 단발성 캐릭터로 의인화되는데, 제160회 '2인자'편에 보면 맨 앞에 서고 싶어 하는 2인자 우유의 이야기가 펼쳐진다. 1인자에 밀려 빛을 보지 못하던 2인자가 제일 앞에 진열된 기회를 잡았지만, 결국 유효 기간이 얼마 안 남은 다른 우유에게 자리를 빼앗긴다. 허탈한 2인자의 낙심은 곧 모든 2등을 대변하는 것 같아 재미와 공감을 준다.

2. 패러디

CS24는 GS25를, FriendMart는 FamilyMart를, 담배 '돈힐'은 '던힐'을, '말로퍼 레드'는 '말보로 레드'를 패러디한 것이다. "끄윽, 취한다. 견디셔 하나 줘 봐." 여기서 '견디셔'는 숙취에 마시는 음료 이름의 패러디면서 동시에 숙취의 고통을 견뎌 보라는 의미까지 지니고 있다. 이처럼 패러디 이름이 등장할 때마다 독자들은 터지는 웃음을 참기 힘들다. 지하철에서 옆 사람의 시선에도 아랑곳하지 않고 폭소를 터뜨리는 사람이 있다면, 아마 웹툰의 패러디 장면을 보고 있을지도 모를 일이다.

3. 공감 요소

〈와라! 편의점〉에서 '○○ 꼭 있다.'는 누구나 공감할 수 있는 이야기를 담고 있다. 혼자서 가게를 보던 알바생이 화장실에 가려고만 하면 '꼭' 손님이 온다거나, 건망증이 심해 물건값을 안 내고도 냈다고 우기거나, 생리대를 사러 와서 말도 못 꺼내는 수줍음 많은 손님의 이야기는 누구나 한 번쯤 겪었을 법한 내용들이다.

171회에서 작가는 '가맹점과 직영점'의 차이를 비교하였는데, 직영점은 그나마 시급 최저 임금제와 야간 수당 지급 등 운영 원칙을 지키지만, 가맹점은 점장이 마음대로 정한다고 꼬집었다. 최저 임금도 제대로 받지 못하는 아르바이트생의 애환에 대해 많은 사람들이 댓글로 공감을 표시하였다.[79]

sa** 젠장. 최저 임금이 4,110원인데 난 3,800원이네.

ng** 아 슬퍼진다 _0_;; 난 야간인데 식대도 없고 ~ 최저 임
금도 안 주고~

k7** 야간인데 3,300원 받음. 손님이 엄청 없어서 편하긴 한데
ㅋㅋ

se** ㅎㅎ 요즘 알바 최저 임금제 논하면 짤림 주의하시길 ㅋㅋ

51** 맞아요 ㅜㅜ 흑.... 알바의 설움

nu** 전 세븐 야간 3,200원 받음. 이걸 10달 동안 한 나는 ㅋㅋ

4. 특이한 요소

공감 요소가 누구나 고개를 끄덕이는 내용이라면 특이한 요소는
독자의 고개를 갸웃거리게 만든다. 지강민 작가는 'OO 진짜 있다.'
라는 표현을 사용하여 특이한 사례를 이야기한다. 숫자에 약한 알바
생이 있을까? 그렇지만 진짜 있으며, 유통 기한을 넘은 음식은 알바
생이 먹을 수 있기 때문에 물건을 팔지 않으려고 거짓말을 하는 알
바생도 진짜 있다고 한다. 이러한 이야기는 경험하지 못한 사람들에
게는 새로운 흥밋거리를 안겨 주며, 세심하게 관찰하는 작가의 시선
을 느끼게 한다.

웹툰은 읽는 방식이나 보여 주는 방식이 다르기 때문에 웹툰의 스
토리텔링은 이와 같은 특성을 고려하는 것이 무엇보다 중요하다.

◉ 스크롤 방식

스크린에 나타나는 장면은 마치 양파의 껍질을 벗기듯 비밀스럽게 다음 장면을 기대하게 만든다. 만화책이 왼쪽에서 오른쪽으로 평면으로 이동하며, 컷이 많은 것과 달리 웹툰은 위에서 아래로 이동한다.

◉ 여백의 미

한 컷에 생각하는 점 하나, 이어지는 컷에 생각하는 점 두 개가 나타나기도 하고, 비어 있는 하늘의 모습에 이어 빗방울이 몇 개씩 떨어지는 장면이 등장하다가 소나기로 바뀌는 장면이 7~8개의 컷으로 나타나기도 한다. 웹툰은 이처럼 여백의 미를 이용하여 긴장감과 서정적 아름다움을 표현하며, 여백을 통해 감성을 창조해 낸다.[80]

◉ 접근성

웹툰은 인터넷상에서 무료로 제공되기 때문에 누구나 쉽게 볼 수 있다. 특히 근래 들어 스마트폰의 이용이 활발해지면서 무료 어플리케이션으로 제공되는 웹툰의 인기도 덩달아 높아지고 있다. 지하철에서, 버스 안에서, 초조하게 누군가를 기다리거나 무료함을 달래기 힘들 때 하나씩 읽는 웹툰은 우리를 상상의 세계로 인도하며, 재미와 감동을 경험하게 한다.

소셜 네트워크 스토리텔링

휴대폰 문자 메시지를 비롯하여 최근 들어 이용자가 급증하고 있는 트위터나 페이스 북과 같은 소셜 네트워크 서비스는 문자를 기반으로 하고 있지만, 이때 문자는 더 이상 전통적 의미에서의 텍스트가 아니다. 오히려 구어체를 사용하여 인간의 말을 받아 적는 기능을 수행한다는 점에서 '입'의 확장으로 볼 수 있다. 이는 기술과 감각의 복합적인 형태라고 할 수 있는데, 트위터의 메시지는 눈으로 보는 것이지만, 시각보다 전 단계인 청각의 느낌을 살릴 수 있기 때문에 보다 감각적이고, 인간적인 커뮤니케이션을 가능하게 한다.

즉각적인 반응이 가능하고 메시지가 짧아 부담이 없다는 점 때문에 트위터를 자신의 행보와 이념을 알리는 도구이자 유권자와의 대화 창구로 이용하는 정치인들이 늘고 있다. 정치인들의 트위터를 보면 과거에 비해 유권자와 소통하는 속도와 양이 증가하고 있다는 것을 알 수 있다. 그러나 아직까지 트위터의 쌍방향성과 즉각성을 활용한 커뮤니케이션은 그다지 활발하지 않은 것 같다. 양방향은 정치인과 유권자 사이에 개인적 친밀감을 더하여 긴밀한 관계를 형성하는데 도움을 줄 수 있다.

트위터는 기존의 홈페이지나 카페, 블로그와는 그 성격이 다르지만, 정치인들은 이러한 차별성을 이해하는 단계에까지 이르지는 못하고 있다. 변화에 뒤처지거나 변화를 따라가기에 급급하기보다는 변화를 이해하고 앞서 나갈 수 있어야 한다. 새로운 커뮤니케이션 도구인 트위터의 즉시성과 감성적인 측면, 재미와 흥미, 호기심을 위한 몰입 효과 등을 이용한 좀더 적극적이고 실험적인 스토리텔링의 개발이 절실하다.

다매체 다채널, 컨버전스 스토리텔링

디지털 기술과 문화가 지배하는 시대에 스토리텔링은 다양한 매체와 융합 매체에 활용되고 있다. 인터넷 소설이나 웹툰이 연극이 되고, 뮤지컬이 되었다가 영화가 되기도 하며, 반대로 영화가 소설이 되거나 뮤지컬이 되기도 한다. 아무 매체나 자유자재로 응용될 수 있는 스토리텔링의 변신 능력은 그러나 모든 스토리텔링에 적용되지는 않는다. 이와 같은 매체 호환성을 지니기 위해서는 이야기의 보편성과 개방성이 요구되며, 각 매체에 맞게 변신할 수 있는 유연성과 융통성을 갖추어야 한다.

오늘날 우리는 자신의 '경험적 깊이를 확장시키기 위해 기꺼이 여러 미디어를 넘나들며 소비'한다. 이러한 경험을 통해 우리는 '지적 호기심을 충족'시킬 수 있다.[81] 그러나 각각의 매체는 각기 다른 수준의 체험과 재미를 제공한다. 연극 〈김종욱 찾기〉는 뮤지컬 〈김종욱 찾기〉나 영화 〈김종욱 찾기〉와는 분명히 다른 요소들을 지니고 있다. 관객들은 연극을 통해 진지함과 성찰을 경험하지만, 뮤지컬에서는 손뼉을 치고, 노래를 흥얼거리며 축제의 분위기를 만끽한다. 반면 영화에서는 배우와의 생생한 호흡이 빠져 다소 수동적 관객에 머문다.

신문에 실린 '모월 모일 모시, 모처에서 불이나 수십 명의 인명 피해가 발생했다.'라는 화재 기사가 라디오 방송으로 나갈 때는 화재 현장의 소음과 목격자의 진술이 들어가야 하며, 텔레비전에서 방영될 때는 화재 장면과 진압 장면, 피해자의 상황이 담긴 화면이 제공된다. 라디오는 소리와 상상력이라는 특성을 충분히 살려야 하고, 텔레비전에서는 소리, 영상, 텍스트, 편집 기술을 이용해 극적 효과를 표현할 수 있다. 따라서 하나의 원천 소스가 복합적으로 여러 가지 미디어를 통해 스토리텔링될 때, 매체별 특징과 효과를 고려하는 것이 중요하다.

최근 들어 새로운 형태의 스토리텔링 기법으로 이야기 구조가 비슷한 이야기를 각기 다른 장소에서 전개해 나가는 '크로스오버 스토리텔링'이 등장하고 있다. 미국의 범죄 수사 드라마인 〈CSI〉는 '크로스오버 스토리텔링'의 대표적 사례이다. 2000년, 길 그리섬 반장이 중심이 되는 라스베가스편이 방송된 이후 2002년 호라시오 케인 반장이 이끄는 마이애미 편, 2004년 맥 테일러 반장이 이끄는 뉴욕 편이 제작되었다. 이 드라마에서 각각의 이야기는 독립적이지만, 시간이 지나면서 서로 '연결 고리'를 갖게 되었다. 세 도시의 수사팀은 때때로 공동 수사를 벌이기도 하고, 서로 연락을 취해 정보를 공유하거나 공조하기도 한다. '하나의 CSI 세상'을 창조하기 위해 라스베가스, 마이

애미, 뉴욕에서 벌어지는 일들은 서로 연계되고, 기대 이상의 '시너지 효과를 내는 스토리텔링'으로 탄생한다.[82] 이와 같은 전략은 각 지역의 특성을 존중하면서 동시에 여러 지역을 매개하는 효과를 가져다 준다.

매체가 다양해지고 채널 수가 늘어나는 동시에 매체의 융합이 진행되는 '다매체 다채널, 컨버전스'라는 복잡한 미디어 환경 속에서 길을 잃지 말고, 각 매체별 짜임새나 형식을 고려하여 스토리텔링 전략을 세운다면, 기대 이상의 효과를 거둘 수 있을 것이다.

Point

오늘날 스토리텔링 도구는 점점 늘어나고 있어 그 기능을 제대로 익히기가 벅찰 지경이다. 효과적인 스토리텔링을 위해서는 새롭게 등장하는 도구의 특성과 성능을 파악하고 효율적으로 활용할 수 있어야 한다. 이미 새로운 매체에 빠진 사람들에게 올드 미디어만을 고집한다면 융통성이 없어 보이거나 시대에 뒤처진다고 외면당하기 쉬울 것이다. 대상에 따라, 그리고 시대의 변화에 따라 사람들의 마음을 읽고 그들을 움직일 수 있는 스토리텔링을 개발하여야 한다.

Training

나의 알바 경험을 웹툰 스토리로 꾸며 보자.

· 시간적 배경

· 공간적 배경

· 등장인물

· 이런 손님 꼭 있다.

· 이런 손님 진짜 있다.

미주

1) 송효섭, 스토리텔링의 서사학, 시학과 언어학, 제18호, 시학과 언어학회, 2010, pp. 163~180.

2) 김광욱은 '스토리(Story)'는 텍스트와 같은 정태성에 주목하고, '스토리텔링(Storytelling)' 은 상호성과 같은 동태성에 주목한다고 하였다. 이는 연구의 대상이 정태적인 '스토리 (story)'에서 동태적인 이야기하기(Narrating)'로 바뀌는 과정에서 등장한 용어라고 한다. 김광욱, 스토리텔링의 개념, 겨레어 문학 제41집, 2008, pp. 249~276.

3) 김광욱, 앞의 논문에서 재인용.

4) Walter R. Fisher, Narration as a human communication paradigm : The case of public moral argument, Communication Monographs, 51, 1984, pp. 1~22.

5) Alasdair MacIntyre, After virtue : A study in moral theory. University of Notre Dame Press, 1981.

6) 조나단 색스 저, 서대경 역, 사회의 재창조, 말글빛냄, 2009.

7) 롤프 옌센 저, 서정환 역, 드림소사이어티, 꿈과 감성을 파는 사회, 한국 능률 협회 출판, 2005.

8) 김정희는 스토리텔링에 있어서 재연의 형식보다는 스토리의 재구성이라는 문제를 공통 분모로 갖는 점에 주목하였다. 문화 자원이 가진 보편적 소재들을 어떻게 새로운 이야 기로 가공할 것인지는 담화화 이전에 놓인 문제라는 것이다. 김정희, 스토리텔링 이론과 실제, 인간사랑, 2010.

9) Bernard. R. Robin, Digital storytelling: A powerful technology tool for the 21st century classroom. Theory Into Practice, Vol.47, 2008, pp. 220~228.

10) http://www.storycenter.org/cookbook.pdf, Digital storytelling cookbook, June 23, 2009.

11) www.sc.or.kr

12) Peter Guber, 앞의 논문에서 재인용

13) http://littleredwagonfoundation.com

14) 폴 웰스 저, 한창완, 김세훈 역, 애니마톨로지, 애니메이션 이론의 이해와 적용, 한울 아카데미, 2001.

15) 박기수, 애니메이션 서사 구조와 전략 : 애니메이션 서사가 힘이다, 논형, 2004.

16) 수전 J 네피어 저, 임경희, 김진용 역, 인문학으로 읽는 제페니메이션 : 아니메, 루비박스, 2005.

17) 수전 J 네피어, 앞의 저서에서 재인용

18) 파멜라 베노이트, 윌리엄 베노이트 저, 이희복, 정승혜 역, 설득 메시지(그는 어떻게 내 마음을 바꾸었나), 커뮤니케이션북스, 2010.

19) http://blog.naver.com/hkilsan(황석영의 개밥바라기별 블로그)

20) http://popland.moca.go.kr

21) 경태영, 대한민국 희망교육 나는 혁신 학교에 간다, 맘에드림, 2010.

22) 이노미, 외국인 텍스트에 나타난 서울의 도시표상에 관한 연구 : 서울의 정체성을 중심으로, 순천향 인문과학논총, 제27집, 2011, pp. 353~385.

23) 찰스 랜드리 저, 메타기획컨설팅 한국어판 역, 크리에이티브 시티 메이킹, 역사넷, 2009.

24) 김영순, 정미강, 공간 텍스트로서 '도시'의 스토리텔링 과정 연구, 텍스트 언어학, 제24권, 2008, pp. 167~192.

25) http://blog.daum.net/seoji4430/6277898(서지마을 못밥 이야기)

26) 김충남, 醬(장)까지 챙겨가 상 차려… 12가지 음식마다 정성 '그득~' ① 창녕 조 씨 명숙공 가문 '사위 첫 생일상', 문화 일보, 2010. 12. 17.

27) 최정숙, 박한식, 향토 음식의 스토리텔링 적용 사례 연구, 한국식생활문화학회지, 제24권 2호, 2009, pp. 137~145.

28) 김창규, "내 요리는 … 모네·고갱·드가 그림에서 영감 얻는다", 중앙 일보, 2010. 10. 09.

29) 김영재, 최일춘, 중국의 혼례 문화, 국립 민속 박물관, 2008년.

30) 한국외국어대학교 외국학종합연구센터, 세계의 장례 문화, 한국 외국어 대학교 출판부, 2006.

31) 김미경, 진도 장례의 무대 공연 예술로서의 스토리텔링의 실제상, 공연 문화 연구, 제17집, 2008, pp. 1~19.

32) John Fanning, Tell me a story : The future of branding Irish Marketing Review, Vol.12, No.2, 1999, pp. 3~15.

33) 앞의 논문에서 재인용

34) www.americanapparel.net

35) 김미경, CEO의 이미지가 브랜드 가치에 미치는 영향, 패션 비즈니스 제12권 1호, 2008, pp. 129~146.

36) 김미경, 앞의 논문에서 재인용

37) www.tomsshoes.co.kr

38) 경향 신문에 따르면 온라인 취업 포털 사람인(www.saramin.co.kr)이 최근 기업 인사 담당
자 339명을 대상으로 '휴학, 졸업 유예 경험자에 대한 생각'이라는 주제로 설문을 실
시한 결과 45.1%가 '부정적'으로 생각하는 것으로 나타났다고 한다. 설문에 응한 기업
가운데 13.3%는 실제로 지원자의 휴학이나 졸업 유예 경험을 따져 불합격시킨 적이 있
었다고 응답하였다.
손봉석, 스펙을 위한 휴학·졸업 유예, 기업 45% '부정적', 경향 신문, 2011. 01. 06.

39) 설승은, 해외 연수 한 번 다녀오지 않았다, 구글에서 '함께 일하자'고 했다, 중앙 일보,
2011. 01. 05.

40) 션, 정혜영, 오늘 더 사랑해, 홍성사, 2008.

41) 온누리, 김연아의 아리랑 … 대한민국에 바치는 '오마주', 중앙일보, 2011. 05. 02.

42) 이정우, 텔레비전 광고 속 김연아와 그 명사성 : 국가주의 이데올로기와 성 정체성의 재
연, 한국 스포츠 사회학회지 제22권 제3호, 2009, pp. 1~17.

43) http://www.jimabbott.net

44) 진은경, 미야자키 하야오의 영화에 나타난 에코페미니즘, 비교 문학, 제39권, 2006, pp.
143~161.

45) 이종한·조미라, 애니메이션과 스토리텔링, 글누림, 2005.

46) http://www.dontcryformesudan.com

47) 잭 자이프스 저, 김정아 역, 동화의 정체, 문명화의 도구인가 전복의 상상인가, 문학 동
네, 2008.

48) 잭 자이프스, 앞의 저서에서 재인용

49) Pia Majbritt Jensen, Television format adaptation in a trans-national
perspective ; an australian and danish case study, A thesis submitted in
fulfillment of the requirements for the degree of PhD, Aarhus University,
Denmark, 2007.

50) 유재혁, 한국 영화, 美 히트 치려면…'더빙하고 해피엔딩으로', '쿵푸 팬더' 감독 존 스티
븐슨, 한국 경제 신문, 2010. 12. 04.

51) 이상권, LG유플러스 '노인과 바다', '대어 미끼로 상어떼 낚자' 상식 뒤집어 찾은 신세계,
동아일보, 2010. 09. 11.

52) 장자 저, 오강남 역, 장자, 현암사, 2007.

53) 2010년 2월 11일, PD 저널 블로그 오피니언(http://blog.pdjournal.com)에 실린 김주완 기자의 "지역 신문은 결코 죽지 않는다"라는 제목의 글에서 사례로 든 기사.

경남 도민 일보, 2009년 8월 6일자 10면 인물면 부음난에 실림.

54) 홍숙영, 지역 방송의 지역성 및 다문화주의 반영에 관한 연구, 디지털 정책 연구, 제6권 제3호, 2008, pp. 149~158.

55) Benjamin Hardyk, William E Loges and Sandra Ball-Rokeach J, Radio as a Successful Local Storyteller in Los Angeles: A Case Study of KKBT and KPCC, Journal of Radio Studies, May 2005.

56) 앞의 사이트에서 재인용

57) 칩 히스, 댄 히스 저, 안진환, 박슬라 역, 스틱, 웅진윙스, 2007.

58) 아리스토텔레스 저, 손명현 역, 시학, 고려 대학교 출판부, 2009.

59) 블라디미르 프롭 저, 황인덕 역, 민담 형태론, 예림 기획, 1998.

60) 클로드 레비 스트로스 저, 임봉길 역, '신화학 1', 한길사, 2005.

61) 장 보들리야르 저, 하태현 역, 시뮬라시옹, 민음사, 2001.

62) 헨리 지루 저, 성기완 역, 디즈니 순수함과 거짓말, 아침 이슬, 2003.

63) 브라이언 아놀드, 브렌던 에디 저, 이윤진 역, 비주얼 스토리텔링, 커뮤니케이션 북스, 2009.

64) 로널드 B.토비아스 저, 김삭만 역, 인간의 마음을 사로잡는 스무가지 플롯, 풀빛, 2007.

65) 김정희, 앞의 저서에서 재인용

66) 칩 히스, 댄 히스, 앞의 저서에서 재인용

67) 한강우, 대만 '장군 간첩' 뤄셴저 미인계 걸려 넘어갔다, 부적절한 관계 돈 받고 기밀 유출, 문화일보, 2011. 02. 11.

68) Peter Guber, The Four Truths of the Storyteller, Harvard Business Review, December, 2007, pp. 1~7.

69) http://www.tomdispatch.com/blog

70) 크리스토앙 살몽 저, 류은영 역, 스토리텔링(이야기를 만들어 정신을 포맷하는 장치), 현실 문화, 2010.

71) Peter Guber, The Four Truths of the Storyteller, Harvard Business Review, December, 2007, pp. 1~7.

72) 도러시아 브랜디 저, 강미경 역, 작가 수업, 강미경 옮김, 공존, 2010.

73) 김용준, 박유식, 브랜드 자산 측정에 관한 이론적 고찰과 실증 연구, Marketing Communication Review, 1996, pp. 20~42.

74) 박시현·권동은, 국내 포털 사이트의 브랜드스토리 마케팅에 관한 전략 연구 : Naver, Daum Communication, Cyworld를 중심으로, 한국 디자인 문화 학회, 제14권, 제3호, 2008, pp. 222~231.

75) 경기 문화 재단 편집부, 사라지는 시간(경기도 5일장), 경기 문화 재단, 2000.

76) 브랜드스토리, 우리는 못골 시장 라디오 스타, 이야기를 파는 전통 시장 사람들, 이매진, 2009.

77) 최혜림, 2011 신춘 문예 동화, 안녕, 미쓰 자갈치, 부산 일보, 2011. 01. 01.

78) 성유정, 권기영, 패션쇼를 위한 패션 스토리텔링 기법의 설계, 한국 의류 산업 학회지, 제11권, 제6호, 2009, pp. 857~866.

79) http://comic.naver.com/webtoon

80) 이상민, 대중 매체 스토리텔링 분석론, 북코리아, 2009.

81) 헨리 젝킨스 저, 정현진 역, 팬, 블로거, 게이머, 참여 문화에 대한 탐색, 비즈 앤 비즈, 2008.

82) 헨리 젝킨스, 앞의 저서에서 재인용